20×

MICROCOPY RESOLUTION TEST CHART
NBS - 1010a
(ANSI and ISO TEST CHART No. 2)

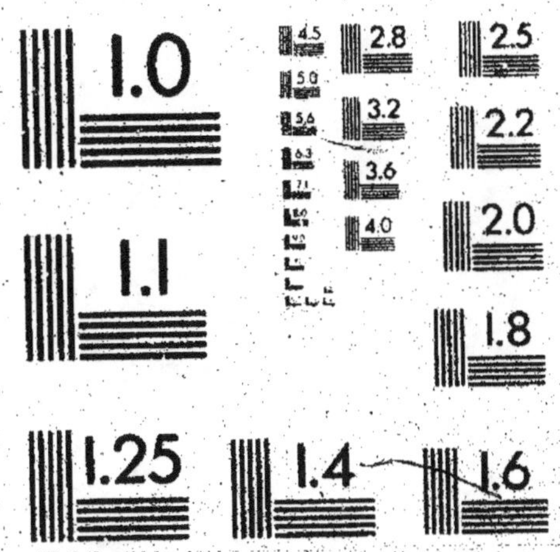

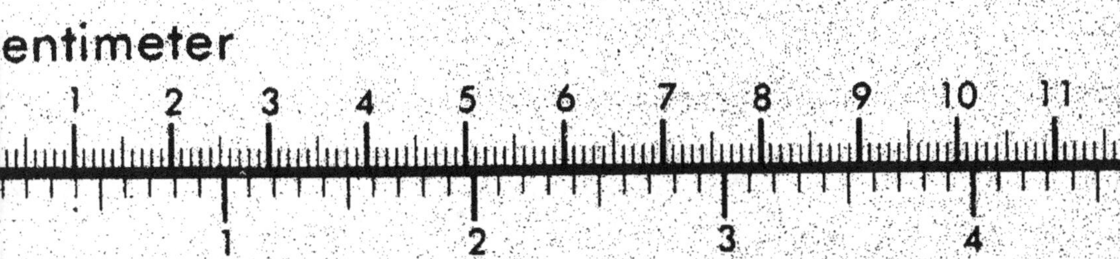

THE FRENCH REVOLUTION RESEARCH COLLECTION

LES ARCHIVES DE LA REVOLUTION FRANÇAISE

15 BRIDGE STREET MILL · BRIDGE STREET
WITNEY · OXFORDSHIRE OX8 6YH
Telephone: (0993) 776396 Fax: (0993) 779043

DU COMMERCE

MARITIME.

CET OUVRAGE SE TROUVE A PARIS,

Chez
- RONDONNEAU, au Dépôt des Lois, place du Carrousel;
- BARBOU, rue des Mathurins;
- LEVRAULT, quai Malaquais, au coin de la rue des Petits-Augustins;
- HUTIN,
- DESEINE, } Palais du Tribunat;
- DÉBRAY,

Et chez les principaux Imprimeurs et Libraires des ports et villes de commerce.

DU COMMERCE MARITIME,

De son influence sur la richesse et la force
des États,

*Démontrée par l'histoire des nations
anciennes et modernes ;*

SITUATION ACTUELLE

DES PUISSANCES DE L'EUROPE,

Considérées dans leurs rapports avec la France
et l'Angleterre ;

RÉFLEXIONS

Sur l'armement en course, sa législation et ses avantages.

Par XAVIER AUDOUIN.

TOME I.

PARIS,

BAUDOUIN, Imprimeur de l'Institut national des sciences et des
arts, rue de Grenelle-Saint-Germain, n°. 1131.

PRIMAIRE AN IX.

DU COMMERCE

MARITIME.

L'ART de la navigation est presqu'aussi
ancien que le monde ; les historiens et les
naturalistes varient sur l'époque de sa création. Les uns, avant la division des élémens, ne voient que chaos ; les autres pen-
sent, non sans raison, que d'abord tout
fut eau : plusieurs font tout exister avant
l'homme ; mais aucun ne rappelle sa forma-
tion sans lui accorder, sinon des connoissances, au moins des habitudes nautiques.
La tradition fabuleuse la plus reculée raconte
comment le fils de *Prométhée*, formé d'eau
et de terre, survit avec Pyrrha sa compagne
à une inondation générale.

Le législateur des Israélites leur parle de
Noé, protégé par un Dieu, s'élevant sur les
eaux, entre les sources de l'Euphrate et du
Tigre, plus haut que les montagnes d'Arménie.

Les moyens de se diriger sur ce mobile

A

élément ne furent sans doute découverts que
beaucoup plus tard.

La dispersion des premiers hommes, leur
civilisation ne s'expliquent point sans déterminer les moyens d'échange qui servirent de
base à leurs liaisons, et les cimentèrent ensuite.

Sauvages, ils se disputèrent les fruits des
forêts qu'ils parcouroient, les prises de leur
chasse, celles de leur pêche.

Civilisés, ils échangèrent les produits de
leurs nombreux troupeaux, ceux de la terre
qu'ils cultivoient péniblement, et ceux aussi
de leur industrie naissante.

Les Assyriens, les Babyloniens, qui, les
premiers, formèrent sur la terre de grandes
associations, enfoncés dans les terres, s'occupèrent peu du commerce et de la navigation. Les Egyptiens, excités par l'inondation
du *Nil*, connurent les premiers les forces
mouvantes. Il seroit peut-être injuste de leur
refuser l'invention des rames, des mâts, des
voiles, du gouvernail.

Isis, dit la fable, pleuroit son fils *Orus*:
lasse de le demander vainement à la terre,
seule, elle s'élance sur un bâtiment abandonné à la mer ; bientôt ses forces sont
épuisées par les rames : alors elle se lève,

arrache son voile; enflé par le vent, il lui
révèle le secret le plus essentiel de la navigation.

Osiris, *Isis*, divinités de la mer, *Osiris* sur-
tout qui enseigna l'agriculture et la navigation, n'étoient autre chose peut-être que la
lune et le soleil. De tous les cultes, celui
qui convient le mieux aux marins, est bien
sans doute le culte des astres qui les éclairent, les réchauffent et les dirigent.

Les lois de *Sésostris*, en les civilisant, firent
cesser l'isolement où ils s'étoient tenus, et
son règne fut le commencement de leur commerce avec les autres nations.

Le perfectionnement de la marine est dû
aux sciences physiques. Il faut bien convenir
aussi que le hasard, la rencontre d'une cause
dont les effets n'étoient pas prévus, a créé
autant dans les premiers temps, peut - être
plus, que la science : la nature sembloit pressée
de prodiguer à l'homme toutes ses richesses.

Bornés à voguer sur le Nil, dans de légers
bateaux formés de roseaux, leur navigation
demeura long-temps dans le même état. La
construction des grands bâtimens, les usages
du mât, et les premières relations commerciales, paroissent appartenir aux enfans

An
du monde
1513.

A 2

de *Sidon*, à ces Phéniciens industrieux, dont l'habitation s'étendoit depuis la Syrie jusqu'à l'Egypte.

La connoissance du Nil leur fut donnée par les Chaldéens. Ils apprirent en Egypte la géométrie et la physique.

Je ne parle point des formes que les Anciens donnoient à leurs vaisseaux, ces détails appartiennent à l'architecture navale ; il s'est d'ailleurs élevé sur cet objet entre les savans des discussions interminables. Les birèmes sur-tout, ces vaisseaux où les historiens multiplient les rangs de rames, ne peuvent se concevoir, moins par l'impossibilité de trouver des arbres assez élevés pour former ces rames, que des bras assez nerveux pour les mettre en mouvement.

Le commerce n'a plus besoin de savoir quelles matières on employoit à la construction : les progrès de la physique et ceux de la navigation ont absolument changé l'emploi de ces matières. Le chêne, alors consacré aux Dieux, ne pouvoit servir aux vaisseaux. Les bois les plus légers étoient seuls en usage. Avant qu'on se fût servi du chanvre et du lin, l'écorce d'un arbre, quelques plantes, un tissu de joncs entrelacés, ou du cuir, formoient les voiles.

Leurs cordages n'étoient encore qu'un tissu de joncs.

Une pelle placée à la queue d'un bateau, sans préméditation sans doute, avoit donné l'idée du gouvernail. Son usage en fit promptement connoître la force. Faut-il s'étonner des naufrages multipliés sur des vaisseaux ainsi construits ?

Cependant la mer devint un nouveau théâtre pour la guerre.

Sémiramis paroît sur le fleuve Indus, et la reine d'Assyrie demeure victorieuse de Staurobate et de quatre mille vaisseaux indiens. 2789.

Mais rien n'égale les succès des Phéniciens ; leur commerce s'étend sur le monde connu ; leurs colonies sont par-tout. La fable de l'expédition des Argonautes n'est autre chose sans doute que la tentative faite pour enlever les sables d'or que le Phase roule dans ses eaux, et que les bergers de la Colchide ramassent dans des peaux de mouton, garnies de leur toison.

Tyr devint pour l'univers l'école du commerce et de la navigation ; ses richesses étoient grandes comme ses travaux. Salomon envoya ses Hébreux prier *Hiram* de leur construire 2990.

une flotte. *Sésostris*, en Egypte, imita sur ses vaisseaux le luxe de Tyr et de Sidon. Ces deux villes faisoient l'envie des nations; elles excitoient la haine des gouvernemens. Les oracles annonçoient leur ruine prochaine. Il étoit en effet facile de présager qu'un pays aussi circonscrit auroit de la peine à se défendre des attaques multipliées que devoit provoquer sa splendeur.

Le vainqueur des Perses, Alexandre, fut aussi vainqueur de Tyr.

Toutefois les nations durent au commerce des Phéniciens les arts et les sciences qui adoucissent les mœurs, attachent à la société, et font prospérer les Etats.

Les Phyriens, les Éthiopiens, les Macédoniens, les peuples de la Lydie, ceux de la Curie, les habitans de la malheureuse Troye, ceux de l'Asie, ceux de l'Afrique, profitèrent des voyages des Phéniciens : l'Europe seule alors resta barbare. Hors une colonie de Phéniciens, jetée à Marseille, et quelques voyages dans l'Espagne, il ne reste aucun vestige des rapports des Européens avec les Asiatiques et les Africains : mais parmi ceux de la Grèce qui parcoururent les mers avec plus de succès, aucun ne l'emporta sur les Rhodiens. D'abord, instruits par les Phéniciens, ils firent de la navigation un funeste usage. Désespérant d'être plus industrieux que leurs maîtres, ils voulurent l'emporter par les armes. Les premiers, ils ensanglantèrent les mers ; et l'emploi de ce moyen terrible obscurciroit leur gloire, si la modération qu'ils conservèrent toujours dans leur supériorité n'avoit fait chérir leur puissance, et ne les avoit rendus les amis, les médiateurs de leurs voisins.

Heureuse par la bonté de son sol, par l'immensité des richesses que lui donnoit son commerce, par la sagesse de ses citoyens, Rhodes étoit devenue le modèle du monde ; les malheureux y trouvoient un appui : on donnoit asyle aux proscrits ; on y chérissoit les arts, les savans étoient honorés : le chimiste *Charès*, le peintre *Protogène* étoient de Rhodes. Le charme de tant de souvenirs illustres empêcha *Démétrius* de vaincre Rhodes, et *Alexandre* ne veut pas que le bruit des armes fatigue son repos ou nuise à son commerce.

Rhodes devenue maîtresse des mers, Tyr fut abandonnée ; conduits par leur reine, les Phéniciens se retirèrent à Carthage ; là,

808 ans av. l'ère des chrétiens.

cependant, leur gloire encore les accompagna. A leurs bâtimens marchands, ils joignirent des vaisseaux de guerre. *Didon* fit respecter sa puissance ; et Carthage n'auroit point eu de rivale si les Romains, avertis par les Corinthiens, et montés sur des vaisseaux à trois rangs de rames, n'avoient entrepris de secourir la Sicile.

Instruits par le phénicien *Cadmus*, et par *Cécrops*, égyptien, les Grecs sortirent de leur longue oisiveté.

Les Crétois prirent place parmi les nations maritimes et commerçantes.

Alors duroient encore ces temps dits héroïques.

La famille de *Priam* gouvernoit Troye sur la côte d'Asie. Troye, dont les murs renversés par le descendant des rois d'Argos, par cet *Hercule* qui fit mourir *Laomédon*, et enleva *Hésione* sa fille, sembloit à l'abri d'atteintes nouvelles. Oh ! combien sont à plaindre les peuples, jouets des ressentimens des familles qui les gouvernent !

Le fils de *Priam* trouble la maison de *Ménélas*, et la Grèce toute entière se coalise pour punir le ravisseur d'*Hélène* et venger *Ménélas*. On jure à *Mycènes* la perte d'*Ilium*.

Le vieux *Nestor*, l'insidieux *Ulysse*, *Ajax*, *Idoménée* et *Achille* aussi prennent *Agamemnon* pour chef.

La flotte des Grecs sort du port d'*Aulide*, arrive au pied du *Mont-Ida*. Les guerriers qu'elle porte se répandent sur les rives de la Troade ; et dix années de combats, de victoires et de défaites ne peuvent ni lasser les assaillans ni décourager les assiégés : enfin, la trahison porte le fer et le feu dans cette ville digne d'un meilleur sort. Les restes de cette famille de Priam, seule cause de tant de maux, sont conduits, à travers les flammes, dans les rues de Troye, où ruisselle le sang de tout un peuple.

Du moins ces rois coalisés pour verser tant de sang, ces rois ne jouissent pas de leur affreux succès ; errans sur les flots, odieux dans leurs États, avilis par des épouses prostituées, poursuivis par leurs enfans incestueux, ils expient long-temps la fureur de porter au loin le carnage et la mort.

Bientôt aussi tous les Grecs réunis, las d'être le jouet des caprices des rois, renversent et leurs trônes et eux : à la place des familles qui pesoient sur l'humanité, ils établissent ce tribunal des amphyctions, chargé de prononcer sur les contestations des peuples.

Athènes et Lacédémone reçoivent les lois de Lycurgue et de Solon. *Lycurgue* militarise les Spartiates ; et les occupant seulement de l'art de la guerre, il leur laisse ignorer les avantages du commerce et les ressources de la navigation. Au contraire, *Solon* donne aux Athéniens des institutions utiles ; et si le courage des Spartiates, si des mœurs simples et sévères leur facilitent des succès momentanés, l'industrie et le commerce d'Athènes ne tardent pas à lui acquérir la supériorité sur sa rivale. Le commerce des Athéniens s'étend dans toute la Grèce ; leur navigation se perfectionne.

Ils retirèrent à *Minerve* la suprématie que, par l'influence de leurs femmes, ils avoient accordée à cette déesse. *Neptune* fut leur dieu, *Neptune* reçut tous leurs vœux.

Si, par la suite, leur marine et leur commerce eurent tant d'éclat, ils le durent à *Thémistocle*. Jeune encore, et malgré qu'il eût à combattre le vainqueur de Marathon, *Miltiade*, il donna à tous les moyens d'Athènes une direction vers la mer. Alors ils s'affranchirent du joug des Perses. *Darius* n'a plus rien qui les épouvante, et les jeux olympiques voient le triomphe des vainqueurs d'Artémise, de Salamine, des héros qui avoient dispersé et *Xercès*, et ses flottes, et ses esclaves.

Tant de gloire devoit exciter la jalousie des nations humiliées. Toutes, et la Grèce elle-même, la Grèce sauvée par Athènes, s'arment contre Athènes. Cette attaque enfante des prodiges. Heureuse Athènes ! heureuse si ses enfans satisfaits de lui appartenir ne s'étoient pas entredéchirés ! Ainsi l'inquiétude de *Péri-clès* avoit suscité cette guerre du Péloponèse. Alcibiade, obligé deux fois de fuir sa patrie après l'avoir sauvée, Alcibiade laissa les Athé-niens sans chef. Leurs flottes furent détruites. *Agis*, *Lysandre*, *Pausanias* s'emparèrent de leurs villes. Les murs d'Athènes furent ren-versés ; ce port célèbre, le Pirée, cessa d'être le port de l'univers. Vainement les talens d'*Epaminondas*, l'éloquence de *Démosthènes*, tentèrent de rendre à la république son an-cienne splendeur ; elle étoit frappée au cœur, son commerce étoit détruit, ses citoyens étoient divisés : elle devoit périr, mais sa chute au moins ne détruisit pas le souvenir de sa gloire passée ; sa chute même est une preuve de l'influence du commerce et de la navigation sur les richesses, sur la force et sur la durée des États.

Les beaux temps de la Grèce avoient cessé, ceux de Rome commençoient.

Si Rome soumit tout à la force de ses armes, elle ne négligea pas non plus son commerce et sa marine. On ne sait à quoi attribuer l'erreur du plus grand nombre des écrivains qui ont traité cette matière. Seroit-ce la supériorité de Carthage qui auroit donné quelque faveur à cette opinion? Mais de ce qu'on n'occupe pas le premier rang, doit-on conclure qu'on n'en remplit aucun? Parce que momentanément la France lutte avec peine contre l'Angleterre, dira-t-on que la France est sans commerce et sans vaisseaux? Les succès de Carthage qui pourtant finit par subir le joug de Rome, ces succès ne prouvent-ils pas, au contraire, que celle-ci, pour la vaincre, eut de grands moyens maritimes? Non, Rome ne fut point étrangère à la mer. Long-temps avant la fondation de la république, les peuples d'Italie étoient célèbres par leur navigation. On connoissoit les Tyrrhéniens sur la Méditerranée, dans le golfe Adriatique les Spinettes et les Tarentins jusqu'à la mer Ionienne.

Les descendans d'Énée, les compagnons de Romulus, n'arrivèrent pas au mont Aventin sans nulle connoissance de la mer. Dès la naissance de Rome, et même sous ses rois, on distingue déja des vaisseaux pour les combats, et d'autres pour les transports, *naves onerariæ*.

Leurs noms déterminent le nombre et le rang des rames : la division des rameurs en classes des thalamites, des zigites et des thranites, ne désigne-t-elle pas une étude et une application particulière?

L'alliance avec les Cœrites, si célèbres par leur commerce, et ces ambassadeurs envoyés en Grèce pour s'instruire de la législation maritime, ne sont-ce pas là des preuves de la force et de l'ancienneté de la marine romaine ?

Au troisième siècle de la fondation de Rome, il se forme une association de marchands. *Mercure* les protège : ils vont en Sicile chercher des blés; ils ramènent des esclaves d'Afrique.

Délos, lieu sacré, si cher aux Athéniens, Délos fut abordé par les marchands de Rome bien long-temps avant que les guerres de Mithridate eussent porté la désolation dans cet entrepôt du commerce du Levant.

Néanmoins, il faut l'avouer, si le commerce eût été plus honoré, il eût fait des progrès plus grands encore. Ce ridicule patriciat, distinction que n'auroient pas dû tolérer les citoyens de Rome, ce praticiat, satisfait de ses pouvoirs et de sa prééminence, négligeoit les professions utiles. Les affranchis et les esclaves s'en emparoient, et, soit que l'on crût politique d'ôter aux patriciens ce moyen d'ajouter la richesse aux distinctions, soit qu'en effet le préjugé fût plus fort que l'intérêt et la raison, aucun patricien ne commerçait. Une loi du tribun *Claudius* l'interdit aux sénateurs l'an 354.

Malgré ces préjugés, le commerce et la marine se prêtoient de mutuels secours; et si, à la première guerre punique, la république perdit sept cents vaisseaux, elle ne tarda pas à montrer aux Carthaginois qu'à la guerre le courage supplée à tout.

A Rome, la mer étoit clause durant l'hiver, temps des tempêtes. Ce réglement avoit donné l'idée de ce vers de Lucain :

Hæc eadem suadebat hiems quæ clauserat æquor.

Un officier étoit chargé de donner les permissions de naviguer : il se nommoit *comes commerciorum*.

Tandis que les Romains faisoient des jeux et des sacrifices en l'honneur de Neptune, les Grecs honoroient, sous le nom de Diane, la lune, maîtresse de la mer.

Apulée, liv. II, fait ainsi parler la Déesse : « La religion des peuples m'a consacré de » tout temps ce jour heureux où les tempêtes » et les orages finissent avec l'hiver, où la » mer, oubliant sa fureur, recommence à » devenir navigable. C'est dans ce jour que » mes prêtres me consacrèrent un vaisseau » qui n'a jamais servi, comme les prémices » de toutes les navigations. »

Malheureusement ce peuple de héros, su- perstitieux et foible, devenoit bien souvent un peuple d'enfans. Après les victoires rem- portées sur mer, après que le consul *Appius* eut battu *Hiéron*, après que *Régulus* eut dé- truit la flotte d'*Hamilcar*, et eut débarqué en Afrique, toutes les flottes des Romains furent englouties.

Alors ils crurent que les dieux leur refu- soient l'empire de la mer. Non moins cré- dule que le peuple, le sénat résolut qu'il ne seroit conservé de vaisseaux que le nombre nécessaire aux transports de la Sicile.

Ce décret ne fut pas long-temps respecté.

La marine reprit sa splendeur, le commerce son activité, les Romains naviguèrent sur l'Océan : ils parcoururent d'un côté l'Afrique jusque sous l'équateur ; de l'autre, les côtes de l'Europe jusqu'à celles du Dannemarck.

Scipion, à la fin de la deuxième guerre punique, ce même Scipion qui, jeune encore, avoit mérité l'estime du sévère Caton, Scipion arme plus de mille galères ; il brûle cinq cents vaisseaux aux ennemis de Rome. Cette superbe Carthage, illustre par son opiniâtre résistance à la domination de la république, illustre par son Annibal, par ses femmes, ses vieillards, qui, encore enivrés de grands souvenirs, consentent à s'ensevelir sous les débris de leurs murs, Carthage ne périt qu'après la destruction de son commerce et de ses flottes. Jamais les Romains n'eussent vaincu les enfans des Phéniciens si ceux-ci n'avoient cessé d'être commerçans et marins. Aussi, tout vainqueur qu'il est, Scipion ne peut contempler cet affreux anéantissement sans répandre des larmes sur les cendres de la malheureuse Carthage.

Dès-lors, maîtresse de la mer, comme elle l'avoit été de la terre, Rome ne connoît plus d'ennemi qui puisse résister à ses armes.

Elle réprime les pirateries des Illyriens. *Antiochus* est repoussé jusqu'au fond de la Syrie ; on attache *Persée* au char de triomphe du vainqueur : mais bientôt, déchirée par des guerres intestines, ou trop occupée au loin, elle abandonne la mer ; et la mer est infestée de pirates et de brigands qui ravagent les côtes, désolent le commerce et empêchent toute navigation. C'en étoit fait de la marine romaine si *Pompée*, à la tête de toutes les forces de la république, n'eût rendu au commerce sa liberté et au monde le repos.

Pompée fut aussi grand amiral que tous ceux dont on raconte les actions : cependant le temps des Scipions, des Fabius, des Paul-Émile, s'éloignoit. Rome n'étoit plus dans Rome ; les citoyens corrompus ne sentoient plus les charmes de la liberté ; ses lois somptuaires n'étoient point respectées ; la liberté civile n'étoit plus qu'un souvenir : rien n'arrêtoit le cours des vengeances, des proscriptions, des massacres. Comme chez les Grecs, à Rome on devint envieux, intolérant, et la république périt. Seulement la décadence de la marine romaine fut accélérée par la fureur de vouloir s'en servir moins pour le commerce que pour la guerre.

L'éclat de la bataille d'Actium, les dépouilles du monde, inutiles à l'État, ne servirent qu'à assouvir les passions, la haine et
l'ambition de quelques hommes. *César*, au
lieu de s'honorer du titre de citoyen de Rome
qui renversoit les rois, *César* voulut être roi.
Seul, il pouvoit sauver son pays; il perdit la
république et périt avec elle.

Le règne d'*Auguste*, illustre par tant d'institutions utiles, ne dut sa splendeur qu'à ces
génies républicains qui sembloient dans ces
temps hériter de tout ce que Rome avoit
produit d'héroïque. Soutenir que les prodiges du siècle d'Auguste n'appartiennent
pas à Rome république, ce seroit une erreur
aussi grande que prétendre aujourd'hui que
les crimes commis à la naissance de notre
république ne sont pas le reste honteux de
la monarchie française. Dans les gouvernemens, il faut, avant de moissonner, semer
long-temps, et rarement celui-là recueille
qui ensemença. Depuis ce temps, si Claude
et Trajan rappelèrent les triomphes maritimes
de la république; si les Vespasien, les Titus,
les Marc-Aurèle, les Antonin, charmèrent
quelquefois l'esclavage des Romains, combien
plus de fois les folies de Caligula, les cruautés

de Néron, l'incapacité de tant d'autres appelés à l'empire, durent faire détester la servitude et regreter l'ancienne liberté !

Long-temps sur la Méditerranée les combats et le commerce cessèrent faute de combattans et de commerçans.

Enfin, quand *Constantin* eut réuni les deux empires, essayant d'établir des relations commerciales entre Rome et Constantinople, il se borna à créer une marine marchande ; et quand sous Théodose, l'orient et l'occident furent encore partagés, cette division ne rompit point l'unité du commerce. Heureux le monde, si cet état de paix n'avoit pas été interrompu !

Les deux empires, livrés à des mains trop foibles, furent facilement renversés. Honorius régnoit encore, les Vandales et ensuite les Goths dévastèrent l'Italie et attaquèrent l'Empire jusque dans Rome.

L'Empire une fois divisé, ses chefs, pour la plupart incapables de gouverner, n'inspiroient aux peuples ni crainte ni amour ; dès-lors le joug de ces empereurs fut supporté avec trop de répugnance pour ne pas être facilement secoué : mais ce qui précipita leur chute fut leur peu de soin d'encourager le commerce et la navigation. Celui d'Afrique avoit cessé avec Carthage ; l'Europe n'en avoit pas encore ; et l'histoire de plusieurs siècles raconte peu de choses sur ce passage du commerce d'Afrique en Europe.

Sans doute la péninsule d'Afrique, réunie à l'Asie par l'isthme de Suez, ayant des communications faciles au nord par la Méditerranée avec l'Europe, et depuis avec l'Amérique à l'ouest par le grand Océan Atlantique ; sans doute l'Afrique étoit le point le plus central. On a vu l'avantage que les Anciens retirèrent de cette position ; mais cet avantage disparut avec Carthage. Le commerce suit par-tout les arts, sur-tout celui de la navigation. Les Européens livrés aux arts, et devenus navigateurs, durent s'emparer du commerce : ils l'ont fait ; et à présent nous que les Anciens nommoient barbares, nous ne nommons pas l'Afrique sans lui donner l'épithète de sauvage.

Le continent d'Europe est devenu le quartier-général du commerce, et la France doit en être le centre ; c'est de là que l'on doit donner le mouvement aux trois autres divisions du globe.

Au centre des mers et couverte de grands

fleuves, le Wolga, le Tanaïs, la Tamise, l'Escaut, le Rhône, le Danube, le Rhin, le Weser, l'Ébre, l'Adige, le Tibre, étendent dans les terres, et à presque tous les points, les moyens de communication.

Mais de tous les peuples qui habitent ce vaste continent, aucun ne devroit prendre rang avant le Français. La première place, dans la balance du commerce maritime étoit assignée à la France par sa situation topographique, par la richesse de son sol, par le courage et l'industrie de ses généreux habitans. Si long-temps elle a lutté avec peine contre sa jalouse rivale, il ne faut en accuser que l'insuffisance de ses lois et la dépravation de ses gouvernemens.

Les Gaulois, célèbres par leur courageuse résistance à la domination de Rome, deviennent plus célèbres encore par leur réunion à ces fiers Germains, qui, sortis des bords de l'Elbe, vinrent, commandés par Pharamond, combattre dans la Westphalie.

L'amour de la liberté arma les habitans de l'Armorique, ceux de l'Aquitaine et ceux de l'Occitanie. Nos pères affranchirent leur pays du joug des empereurs : on les nomma Francs.

Leur indépendance eût été plus grande, si, après avoir battu les Saxons, après avoir vaincu *Attila*, et s'être rendu maîtres de Paris, ils avoient ajouté aux succès des armes ceux du commerce et de la navigation.

Dans notre France encore au berceau, le sang coule pour des querelles religieuses.

507. Ce Clovis, que Rome appelle consul et patrice, ce *Clovis* arme les Francs contre la malheureuse secte d'*Arius*. Lui-même égorge 531. *Alaric* leur chef. Les divisions de sa famille perpétuent les troubles dans l'État, et prouvent aux Francs combien pèse sur les peuples l'hé-ridité du pouvoir.

558. Childebert tue les enfans de *Clodomir*, ses neveux.

Le soucieux *Clotaire* incendie la chau-560. mière qui servoit d'asyle à son fils fugitif. Le monstre fait périr sous ses yeux et son fils et son épouse et le fruit de leur malheureux amour.

Son autre fils et son digne successeur, le 580. pieux *Chilpéric*, fait mourir ses trois enfans; et sa concubine, l'horrible *Fredégonde*, arme son amant pour l'assassiner.

Et quand les familles gouvernantes pré-sentent tant de monstruosités, faut-il s'étonner de la férocité des peuples ! Aussi, depuis *Dagobert*, qui, un moment, se montra digne de commander aux Francs, depuis lui jusqu'à *Charlemagne*, le gouvernement livré à des rois fainéans, débauchés, capricieux, cruels, ou aux maires du palais, ou à des femmes coupables, le gouvernement fut nul, et le commerce ne reçut aucun encouragement ; non que la nation fût sans dispositions pour la mer : elle les avoit manifestées en 519, lorsque *Cochenil*, prince danois, fut chassé d'Austrasie, où il avoit fait une descente, et que sa flotte toute entière resta au pouvoir des Francs.

Enfin Charlemagne vint ; plus brave et moins ignorant que ses prédécesseurs, le premier il s'occupa du commerce. Il étudia les langues et les mœurs de ses voisins, il connut les moyens de les lier avec les Francs. Le port de Boulogne devint célèbre. Les vaisseaux des Francs naviguoient depuis l'embouchure du Tibre jusqu'à l'extrémité de la Germanie. Leurs relations s'étendirent jusqu'en Perse. On eut l'idée des poids et mesures. Elle eût été mise à exécution, si dans ce temps les communications eussent été moins difficiles. Quelle marine cependant que celle qui ne pouvoit empêcher les descentes et les dévastations des Normands ! Charlemagne visitoit lui-même les côtes, et présidoit aux travaux des ports. Un jour il aperçut des corsaires normands qui cherchoient à jeter du monde pour ravager les terres. « Hélas ! » dit-il en pleurant, s'ils ont la hardiesse » de menacer ainsi la France, malgré la » peine que je prends pour leur résister, » que ne feront-ils pas après ma mort ! »

En effet, après sa mort, Louis le Débonnaire et Charle le Chauve ne donnèrent aucune suite à ces utiles entreprises. Après Charlemagne, créateu de notre marine, on voulut l'étouffer dans son berceau. Quand des courses maritimes devenoient nécessaires, on prenoit à loyer des vaisseaux Génois, Pisans, Vénitiens, à peu près comme des voitures publiques : les deux races des Carlovingiens finirent sans laisser après elle aucune institution durable.

Toutefois il n'est pas inutile d'observer qu'alors notre situation topographique étoit bien moins favorable : nous étions maîtres des côtes de la ci-devant Picardie, mais les Anglais occupèrent jusqu'à la fin du douzième siècle la Guienne et la Normandie.

La marine et le commerce de nos voisins faisoient de rapides progrès ; déja les Danois avoient abordé aux terres polaires arctiques.

Les Capet dont l'étymologie venoit de l'excellente tête d'Hugues premier de sa race, les Capet méritèrent peu un nom si beau.

Comme leurs prédécesseurs, ils agitèrent les peuples pour des querelles de famille et des rivalités de pouvoir. La jalousie de l'un d'eux fit, pour la première fois, combattre les Français contre les Anglais. Guillaume le Conquérant s'étoit emparé de l'Angleterre. Philippe Premier, oubliant les sages leçons de son parent, de ce Beaudouin, comte de Flandre, dont la régence lui fut si utile, Philippe Premier engagea la nation dans une guerre, qui depuis, suspendue à diverses époques, mais toujours rallumée, sembla devoir consumer l'un des deux peuples, et les tint tous les deux dans une agitation funeste à leur bonheur commun.

Cependant, jusqu'à cette époque, le commerce maritime n'éprouvoit aucune entrave : hors les Sarazins, dont les ravages désolèrent un moment la mer, tous les peuples se livrèrent au commerce. Les Génois et les Vénitiens occupèrent le premier rang. Ils sont à cette époque ce qu'à la naissance de l'art étoient les Phéniciens. D'abord alliés des soudans d'Égypte, ces républiques s'emparèrent du commerce du Levant ; bientôt elles se chargèrent de transporter sur leurs vaisseaux ces nombreux chevaliers français qu'un fanatisme cruel attiroit sur une autre terre pour y égorger, au nom d'un dieu de paix, des hommes qui ne leur avoient fait aucun mal.

Les Chrétiens se fédérèrent pour aller détruire la Palestine. Godefroy de Bouillon fut reconnu par eux roi de Jérusalem, et pour perpétuer leurs fureurs, ils créèrent des ordres dont l'institution et les vœux étoient vanité, intolérance et éternelle persécution. Néanmoins il ne manquoit au courage de ces chevaliers de Saint-Jean de Jérusalem, de ces Templiers, de ces Teutons, il ne manquoit qu'une occasion plus belle de l'exercer. Les Français étaient là ce qu'ils sont partout. Disposés à affronter les périls, supportant avec héroïsme les privations et les fatigues, mais facilement éblouis par l'illusion des mots, et souvent égarés par une fallacieuse espérance de gloire et de renommée. Quand l'homme qui gouverne une pareille nation ne sait pas en faire un peuple de héros, il faut qu'il ait lui-même bien peu d'élévation dans l'ame, et aussi peu de ressources dans l'esprit.

Tandis que Philippe Ier. laissoit sortir de France ses plus braves combattans, l'Anglais y attiroit les discordes civiles, des tyranneaux opprimoient les peuples, et Louis-le-Gros auroit vu son pays déchiré et livré à l'Angleterre, si son fils, marié avec Éléonore de Guyenne, unique héritière du dernier duc d'Aquitaine et du dernier comte de Poitou, n'avoit augmenté sa puissance en donnant à la France les côtes de l'Océan si favorables depuis à notre commerce et à notre navigation.

La pêche du hareng se faisoit déja sur les côtes de l'Océan, de la Méditerranée et de la Manche.

Avant que le hasard eût fait découvrir aux hommes qu'au-delà des mers il existoit d'autres terres et d'autres habitans, la pêche étoit le seul but de leur navigation; elle est encore aujourd'hui le moyen le plus assûré, le plus économique, et peut-être le plus utile pour accoutumer les habitans des côtes à la mer et former des matelots. Sous le rapport de la navigation et dans les intérêts du commerce, tous les gouvernemens doivent à la pêche encouragement et appui.

Les Français alors pouvoient se livrer à des spéculations grandes et utiles, mais les Français avoient des rois, et les fautes de ces rois faisoient le commun malheur.

1143. Louis le jeune avoit fait brûler treize cents personnes dans une église de Vitry; les prêtres lui persuadèrent que pour expier ce crime il falloit en commettre un autre. Le furieux Bernard le détermina à une croisade solemnelle; soixante mille Français suivent ce chef imbécille. Réunie aux troupes de l'empereur Conrard pour subjuguer le Levant, toute cette immense population va s'abymer sur une terre étrangère. L'infidèle Eléonore est répudiée par le roi à son retour, et cette reine porte au roi d'Angleterre, avec sa main, le riche héritage de la Bretagne et du Poitou. Ainsi les folies des chefs de l'État nous font en un moment gagner et perdre un pays si nécessaire à la splendeur de la France.

Ce fut dans ces guerres que, suivant Ducange, on donna au commandant des forces navales le nom d'amiral, terme arabe, dont l'étymologie se tire du mot *emir* ou *emira*, titre que portèrent depuis les *Tristan*, les

Chatillon, les *Enguerrand de Coucy*, les *la Tri-mouille*, les *Mathieu de Montmorency*; il fut illustré par le respectable et trop malheureux *Coligny*.

Philippe combattit Richard-cœur-de-lion: ce Philippe, que l'on surnommoit Auguste et conquérant, auroit mérité ces titres si, se bornant à humilier l'Anglais, comme il fit en 1183, il n'eût pas couru aussi chez les Sarazins. En son absence l'Anglais s'empara du Vexin et ravagea la Touraine et la Normandie. La fille de Valdemar excita sa jalousie, et l'univers voulut se mêler d'une querelle domestique. Richard, tout mort qu'il est, a légué sa haine à son successeur et à sa nation. Enfin la lâcheté du roi Jean, qui massacre Artur son prisonnier, fait pour toujours réunir la Normandie à la France. Les Français alors, maîtres des côtes de ce riche pays, deviennent navigateurs, et bientôt ils sont maîtres de l'Anjou, de la Guyenne et du Poitou.

Philippe, vainqueur à Bouvine, fit choisir par les Anglais son fils pour les gouverner. Les combats avoient cessé; les deux nations virent un moment s'éteindre ce feu qui, depuis trop long-temps, les consumoit toutes deux;

les mêmes lois alloient régir les deux états :
oh ! combien de sang ce nouvel ordre de
choses eût empêché de couler ! Une invinci-
ble fatalité rompit en un moment une union
que tant d'intérês sembloient rendre durable.
Les inconstans Anglais rappelèrent chez eux
le fils de ce Jean-Sans-Terre qu'ils avoient
chassé, exemple qu'ils ont répété depuis.

Cette éternelle guerre recommença ; mais
cette fois la France montra que, devenue,
par ses nouvelles possessions, maîtresse de
la mer, elle avoit peu à redouter de sa rivale.
1226. Le Limousin, le Périgord, l'Aunis furent,
conquis par les Français. Notre marine et
notre commerce furent augmentés par l'occupation de la Rochelle. Ce fut à cette époque seulement que la situation topographique
de la France devint telle qu'elle a été conservée depuis, telle qu'elle demeurera tant
que son gouvernement sentira l'influence de
la marine sur la durée des États.

1213. Déja le commerce maritime essayoit de
sortir de son berceau ; mais, au dedans, les
persécutions contre les Albigeois, et les croi-
sades au dehors absorboient tous ses moyens.

Louis IX, illustre aventurier, coupable
d'avoir donné au courage des Français et à

leurs moyens maritimes une direction aussi fausse que cruelle ; Louis IX., d'abord à *Damiette*, vainqueur du sultan *Mélexala*, bientôt vaincu et prisonnier à Massoure, Louis IX ne revoit un moment le rivage de France que pour livrer à l'Anglais le Querci, le Périgord et le Limousin. Il retourne sur une terre désolée par lui pour y mourir au milieu des horreurs des combats et de la peste réunis pour détruire les Français.

Sans songer au commerce, il lui fut utile, en faisant creuser un port à Aigues-Mortes, sur la Méditerranée : c'étoit là que se faisoit alors le peu de commerce du Levant, dont ces chevaleresques expéditions avoient brisé presque tous les liens.

La science nautique avoit fait des progrès ; les Anciens avoient des ancres, des pompes et des sondes.

La poudre et le canon n'étoient pas connus; mais les hommes, toujours ingénieux pour se détruire, avoient trouvé le feu Grégeois, horrible amalgame de poix, de soufre, de bitume, qui, au lieu de s'éteindre dans les eaux, s'y enflammoit davantage.

Les succès de la marine et du commerce étoient déterminés par les progrès que fai-

1250.

1260.

soient en France les sciences physiques et mathématiques. Les expériences sur l'aimant donnèrent l'idée de la boussole ; et dès-lors cette direction constante de l'aimant vers le nord, donnant au pilote un point fixe pour ses opérations, il osa davantage.

1381.   Après cette découverte, si utile à l'humanité et qui est due aux Français, on en fit une qui cause plus de mal en un jour que la boussole ne pourroit faire de bien en un siècle. On imagina la poudre et les canons. Les Vénitiens s'en servirent les premiers contre les Génois.

Dès-lors tout fut changé dans la construction des vaisseaux et dans la manière de s'en servir.

L'imprimerie facilita l'instruction : alors se multiplièrent les découvertes qui donnèrent au monde sa grandeur, et au commerce des relations nouvelles.

1260.   Dans ces temps, les ravages des Normands, la nécessité de les réprimer avoient donné occasion aux villes maritimes du nord de se coaliser ; et cette fédération, quand le danger fut passé, ne fut point dissoute. Une société de commerce fut si bien cimentée qu'elle exista depuis sous le nom *de la Haute-Teuto-*

nique, plus de soixante villes composant cette société, long-temps régies par leurs anciens statuts, ont conservé jusqu'à nos jours le nom de villes anséatiques.

Marseille, Bayonne, Bordeaux, la Rochelle s'y associèrent. Aux brigands du nord succédoient ces nombreux seigneurs qui, formant autant d'états qu'il y avoit en France de donjons, multiplièrent sur tous les chemins les droits et les taxes, si funestes au commerce. La population manquoit aux grands établissemens ; les guerres et les vengeances, que d'injustes agressions provoquoient, dévoroient les hommes. Les vêpres Siciliennes furent au même jour le signal de la destruction des Français de tout sexe et de tout âge. En 1282 et en 1302, vainqueurs de la Guienne, vainqueurs de Furne, ils furent horriblement massacrés à Courtrai.

Vainement Philippe V essaya quelques institutions utiles. Celle de l'unité des poids et mesures, conçue par lui, est à peine aujourd'hui en exécution.

De nouvelles haines alimentèrent encore la guerre contre les Anglais.

Edouard III étoit fils d'une sœur des rois de France ; Philippe de Valois étoit leur

C

parent. Tous les deux prétendoient au trône : ni l'un ni l'autre n'y avoient droit ; mais Valois étoit français, et en cette qualité il devoit être, il fut préféré.

Edouard, furieux, forma contre la France une ligue redoutable. Notre marine, trop négligée, ne put soutenir cette inégale lutte. *Edouard* fit le siége de Calais, où les vaincus paroissent encore plus grands que les vainqueurs.

Jeune, bouillant, présomptueux, il prend la qualité de roi de France, titre ridicule que ses successeurs n'ont point abandonné, pas même George III, malgré que dans sa lettre au consul de la République, il soutienne que la dynastie qu'il faut appeler à gouverner la France est celle qui descend des Valois.

Le commerce fut encore entravé par la création de la gabelle, par les impôts sur le sel.

Les îles Canaries et la Guinée furent connues des Normands.

Comme à l'ordinaire, ce ne furent pas les Français qui profitèrent de l'invention de la boussole : leurs rois imprévoyans ne faisoient rien pour la marine ; les Portugais s'emparèrent de tout.

Jean, dit le Bon, avoit été battu en Auvergne, battu à Poitiers, et étoit resté prisonnier du prince de Galles.

Charles V, aidé de l'amiral de Couci et avec le secours des Castillans, réprima l'insolence de l'Anglais.

Mais lorsque le connétable du Guesclin eut défait les Castillans, repoussé les Anglais jusqu'à Bordeaux, et qu'il eut reconquis la Guienne, le Poitou et la Bretagne : maîtres des côtes, nous le fûmes bientôt de la mer ; la flotte des ennemis fut dispersée près de la Rochelle ; le comte de Pembrok, qui la commandoit, fut fait prisonnier avec huit mille Anglais. Notre commerce s'étendoit avec nos conquêtes ; nos troupes, descendues en Angleterre, désolèrent ces insulaires ; les trésors de l'Etat étoient immenses. Alors ne pouvant nous vaincre, on essaya de désorganiser le Gouvernement qui favorisoit de si grandes entreprises. Charles V mourut empoisonné.

Nos ridicules lois faisoient de la couronne une propriété de famille ; et tout fou qu'il étoit, Charles VI, entouré d'assassins, et conduit par une femme infidèle, gouverna la France. De tous les actes de sa folie, aucun ne fut plus funeste que celui qui appeloit l'Anglais à nous gouverner ; une mère dénaturée se prêtoit à cet acte honteux qui dépouilloit et son fils et sa nation. Les bannières de France et d'Angleterre furent opposées dans plusieurs provinces. Bientôt toutes se rallièrent autour de la première, et l'Anglais *1430.* fut chassé jusqu'aux bords de la Tamise. Sous ce foible gouvernement , on ne pouvoit réunir des vaisseaux qu'en les louant à grand prix aux Hollandais : sous lui cependant furent faites les ordonnances de 1400 , les seules qui aient long-temps régi la marine.

1400. Charles VI défendit de sortir des ports sans congé, d'y rentrer sans rapport ou déclaration.

L'objet de cette défense étoit de connoître la conduite que tenoient les vaisseaux, et de les empêcher de devenir pirates.

Ce réglement fut confirmé par l'arrêt du 24 juillet 1702, et par l'édit de février 1716.

La visite en mer est du droit des gens ; ce droit étoit connu des Romains, si on en juge par ce passage de Virgile :

> *Quò tenditis ? inquit,*
> *Qui genus ? unde domo ? pacem ne huc fertis, an arma ?*
> Æn. lib. VIII, v. 113 et 114.

Dans ces temps où la foiblesse des gouvernemens se communiquoit aux peuples, une femme usa de tous les prestiges de son siècle pour sauver son pays. Jeanne d'Arc, bergère ignorée, femme des champs, sans instruction mais non sans courage, conduisit les Français que leur chef ne dirigeoit plus; son nom devint le signal du ralliement des siens, en même temps que l'épouvante des Anglais, qui, revenus de leur première frayeur, la brulèrent à Rouen. Ainsi périrent, ou par leurs mains, ou par celles des agens qu'ils soldèrent chez nous, tous ceux qui furent redoutables pour les Anglais.

Charles VII dut la conservation de sa couronne au courage de cette femme trop louée et trop critiquée pour ne pas inspirer un grand intérêt, alors même que la vengeance de l'Anglais ne rendroit pas son souvenir cher aux Français.

Jusqu'à la découverte du Nouveau-Monde, et avant le passage du Cap de Bonne-Espérance, la France ne fut pas connue sur les mers.

Charles VIII, au lieu de profiter de son heureuse situation, employa tous ses moyens à l'inutile conquête de Naples.

Le génois Christophe *Colomb* eut la gloire

1427.

1495.

C 3

de découvrir l'Amérique ; rebuté par-tout, et même dans sa patrie, il fut enfin accueilli par le roi des Castillans.

Ferdinand et Isabelle, après avoir chassé les Maures, lui donnèrent les moyens de réussir : ces moyens, il sut les employer ; les succès du nouveau vice-roi des Indes occidentales électrisèrent les autres nations. Les Portugais, déja si puissans sur les mers, entreprirent de doubler le Cap de Bonne-Espérance ; *Vasco* de *Gama*, *Albuquerque*, enrichirent leur patrie par la possession du Brésil. Bientôt un commerçant florentin, *Americ Vespuce*, augmenta leurs découvertes et leurs richesses, et mérita que l'on donnât son nom au Nouveau-Monde.

Hélas ! avant cette découverte, les hommes n'étoient pas meilleurs, mais du moins la même étincelle qui allumoit chez nous des guerres interminables, n'embrasoit pas un autre hémisphère.

Le Pérou fut découvert par un Espagnol en 1525. Les Incas gouvernoient ce riche pays depuis plus de cinq siècles : deux frères se divisèrent, et leur État fut perdu : Pizarre tua le dernier des Incas, et leur patrie fut à jamais asservie.

Le portugais Magellan s'empara pour eux de la terre située près du détroit auquel il donna son nom.

La Floride fut découverte en 1434 par Ferdinand Soto.

Ils occupèrent presque toute la partie méridionale de l'Amérique.

Le Mexique fut découvert par les Espagnols dans la zône torride en 1418; ils s'y établirent après que Ferdinand Cortez eut battu Montézuma.

Ils connurent la Guyanne en 1499.

Ils naviguèrent dans la mer du Sud en 1519.

Henri VII, roi d'Angleterre, fut maître de l'île de Terre-Neuve et de la côte orientale de l'Amérique Septentrionale.

Les Danois occupèrent Saint-Eustache près de Porto-Ricco.

Les Hollandais occupèrent en Amérique les îles de Bonnair, de Caracao, d'Oruba.

Ils découvrirent en 1596 le Spitzberg.

Ils pénétrèrent à travers les glaces de l'Océan jusqu'au Groenland.

En 1596, ils approchèrent plus que n'avoit fait aucun navigateur de la Nouvelle-Zemble.

Mais nos Français, qui les premiers avoient

poussé leur navigation jusqu'au Cap de Bonne-Espérance, ne furent pas inutiles à ces découvertes ; ils s'établirent dans le Canada en 1534, et encore aujourd'hui les Anglais n'ont pu en chasser toutes les familles françaises.

La Caroline appartint aux Français avant de passer aux Espagnols, et ensuite aux Anglais.

La Louisiane, sur le fleuve Mississipi, en 1680, fut abordée par la *Salle*, français.

Ils cédèrent aux Anglais leurs droits à la possession de l'île de Terre-Neuve.

Ils découvrirent les Antilles.

Ils furent maîtres de la partie occidentale de Saint-Domingue ;

Et aux Petites-Antilles, de la Martinique, de la Desirade, de la Guadeloupe, de la Grenade et de Sainte-Lucie.

Ils ont cédé aux Anglais en 1713 la Barbade et Saint-Christophe.

Dans la partie méridionale, Cayenne fut découverte par les flibustiers français.

Des Français poussèrent, en 1603, leur navigation jusqu'aux Terres - Australes, et contemplèrent ces montagnes de glaces perpétuelles qu'on trouve au pole antarctique, et qu'aucun voyageur n'a bien pu nous décrire.

Enfin, Louis XII, plus grand que ses prédécesseurs par son héroïque oubli des injures, arrêta les déplorables effets des divisions intestines, et prépara les succès de François premier.

1498.

Les Génois établirent chez nous les premières banques et les premières assurances maritimes.

1500.

Sous Louis XII l'Océan fut témoin d'un des combats qui honorent le plus la marine française : quatre-vingt vaisseaux anglais attaquèrent vingt vaisseaux français ; ceux-ci, sans perdre de temps, allèrent à l'abordage, et firent périr plus de la moitié des ennemis par le fer, par le feu et par les eaux. Un capitaine Breton, le brave *Primauguet*, fut seul attaqué par dix vaisseaux à la fois ; il en coula plusieurs à fond, en brûla un, et se défendit long-temps des autres : enfin désespérant de sauver son bâtiment, et déterminé à ne jamais se rendre, *Primauguet* fait sauver sur une chaloupe tout son équipage ; resté seul sur son vaisseau, il y met le feu, accroche le vaisseau amiral et le fait sauter avec lui.

1513.

Le fameux Barberousse fit alors ses premières armes avec les Français ; cet homme célèbre appartient à la marine française ; il étoit né dans la ci-devant Saintonge, d'*Authon*, et de Margueritte *Marcueuil*, originaire du ci-devant Périgord, frère d'armes de *Montsoreau*, dont la destinée fut toujours unie à la sienne. Tous les deux s'embarquèrent avec les troupes françaises envoyées au secours des Vénitiens sous les ordres de *Pezaro*. Les deux frères d'armes, passionnés pour la mer et pour les aventures extraordinaires, s'établirent à l'île de Metelin, autrefois *Lesbos*, achetèrent un bâtiment, allèrent en course, et pour passer pour mahométans ils changèrent de nom ; *Saureau* prit celui d'*Horuc*, auquel on ajouta le surnom de *Barberousse* ; d'*Authon* se nomma *Hariaden*.

1517. Réunis à *Camal*, le plus célèbre corsaire de ce temps, ils croisèrent sur la Méditerranée. Deux frères s'y disputoient le royaume d'Alger : les deux corsaires français, devenus musulmans, profitèrent de cette division pour s'en emparer. *Horuc* et *Hariaden* se partagèrent les soins du gouvernement et de la défense de l'Etat ; ils battirent les troupes de Charles-Quint, et conçurent le projet de s'emparer de toute l'Afrique. *Horuc*, défait par les princes maures que commandoit le fils du roi de

Trémecen, fut tué dans un combat ; *Hariaden* alors se fit proclamer roi, et prit le surnom de *Barberousse* qu'avoit porté son frère d'armes, et qu'il rendit depuis si fameux.

Ses voisins épouvantés n'entreprirent plus de braver sa puissance ; ce corsaire devenu roi quitta trop vîte les mœurs et les habitudes françaises. Au milieu d'hommes barbares, il devint féroce comme eux.

Soliman II implora son secours contre les Vénitiens ; Barberousse arriva à Constantinople avec tout l'éclat de sa richesse et de sa puissance ; il fit au sultan de magnifiques présens auxquels il joignit les lions et les léopards qu'il avoit amenés d'Afrique. Soliman lui remit un étendard, une épée, et lui laissa plein pouvoir de disposer de toutes les forces de mer.

Il sortit de l'Hellespont avec ses galères réunies à celles du sultan, et fut ravager le monde. 1532.

Il attaqua les côtes d'Italie, s'empara de Tunis où régnoit le tyran *Muléasses* qui, pour régner, avoit fait tuer ses vingt-deux frères. Les Tunisiens se souvinrent de leurs ancêtres les Carthaginois, et combattirent avec vaillance.

François premier obtint des sultans pour les François le privilége exclusif du commerce du Levant.

Il ne put suivre son desir d'élever la marine.

Il donna les ordonnances de 1517 et 1543.

François premier mourut, et sa mort fut le signal des troubles et des divisions; occupés chez eux, les Français ne purent partager cette riche moisson de découvertes utiles.

Il fut trop prodigue des trésors de l'Etat, pour n'avoir pas besoin d'accabler le commerce de taxes onéreuses.

Excité par l'exemple du brave chevalier *Bayard*, il fit respecter les armes françaises; les Anglais venus jusqu'à Dourlens, furent repoussés, et sans nos querelles particulières qu'ils savent si habilement attiser, sans la défection du connétable de Bourbon, la France à cette époque auroit pris la place qu'elle occupe aujourd'hui.

Charles-Quint réunit ses forces et celles des Vénitiens pour arrêter les progrès de *Barberousse*; il fut le chasser de Tunis, mais les guerres du continent l'empêchèrent de profiter de ce succès.

Barberousse revint attaquer l'Italie: on a raconté tant d'horreurs de ce célèbrecorsaire;

il est si dur de trouver un Français accusé par l'univers d'excès si coupables, qu'on ne peut se refuser à répéter un trait de lui qui atteste que le Français étoit resté bon, et que ses crimes n'appartiennent qu'aux circonstances où il se trouvoit, et à l'impossibilité de contenir les barbares étrangers qu'il commandoit.

Barberousse étoit arrivé devant l'île de Corfou : le gouverneur, après avoir fait brûler tous les villages, et fait amener dans la ville toutes les subsistances, se détermina à faire sortir les bouches inutiles ; les femmes et les enfans furent donc repoussés sans pitié : ces malheureuses, dans une nuit affreuse, marchoient dans la campagne sans savoir où porter leurs pas ; la mère frémit pour l'honneur de sa fille ; une autre allaitant son enfant avec peine, se reproche de lui avoir donné la vie. Toutes fondent en larmes et se livrent au plus noir désespoir. Un orage mêlé de grêle vient augmenter l'horreur de leur situation, et les éclairs, en sillonnant le ciel et les eaux, leur font apercevoir l'ennemi qui marche vers elles ; il approche : leurs cris, leurs pleurs, la vue de leurs vêtemens déchirés et trempés par l'orage, tout porte dans le cœur d'*Hariaden* cette émotion si naturelle au Fran-

1535.

çais; il se souvient du respect que sa nation conserve toujours pour ce sexe si foible, et mêlant ses larmes à celles de ces infortunées: « Musulmans, s'écrie-t-il, le prophète nous » ordonne d'avoir pitié du malheureux; voici » l'occasion de remplir son précepte. Femmes » infortunées, ajoute-t-il en italien, femmes » infortunées, calmez, calmez vos craintes; » vous trouverez en nous autant d'humanité » que vous avez trouvé de cruauté dans vos » compatriotes. »

Aussitôt il les fait conduire dans des maisons que les assiégés n'avoient pas eu le temps de détruire, et leur prodigue les soins, les secours et le respect nécessaires à leur état.

1541. Tunis attaqué par Charles-Quint et défendu par le fils d'*Hariaden*, vit périr l'armée espagnole.

1543. Paulin et Barberousse parvinrent à amener Soliman dans les intérêts de François premier, et cette alliance fut le terme des grands succès de Charles-Quint.

Il n'est pas inutile d'observer que *Hariaden*, comme presque tous les marins, parvint à une vieillesse très-avancée; il mourut à quatre-vingts ans, et ce ne fut pas dans les combats.

André *Doria* fut aussi, dans le quinzième et le

seizième siècles, le marin sinon le plus habile,
du moins le plus apte à faire réussir de vastes
entreprises. Bon fils, citoyen vertueux, fidèle
époux, père tendre, André étoit encore officier intelligent autant qu'intrépide soldat. Les
ennemis de la France l'enlevèrent à François
premier qu'il estimoit, et à la France qu'il
avoit chérie. Il fallut des persécutions longues
et cruelles pour l'arracher à ses premières
affections, et le besoin de sa propre sûreté
le détacha seul de nos intérêts; mais poursuivi dans son honneur et dans sa fortune,
voyant sa personne et celles de ses compatriotes en danger, André montra au gouvernement combien un homme de cœur est à
craindre alors que l'excès de l'injustice le mène
à l'excès du désespoir.

Rien n'égale l'éloquence et le sentiment du
discours qu'il prononça sur la place d'armes
de Gênes, pour déterminer le peuple à une
juste défense.

« Mes vœux, disoit-il, seroient accomplis,
» si je voyois régner parmi vous la concorde:
» vous n'auriez point à craindre un joug étran-
» ger; l'amour de la patrie feroit taire toute
» ambition; aucun de vous n'aspireroit à la
» puissance suprême. On ne verroit point dans

» Gênes cette désunion qui fait la foiblesse
» d'un Etat et la force de ses ennemis : on
» ne verroit point une partie des citoyens
» dédaigner l'autre, et exciter son juste cour-
» roux. Les nobles prétendent que tous les
» honneurs leur sont dus à l'exclusion des
» autres citoyens ; mais sur quoi cette pré-
» tention est-elle fondée ? Font-ils seuls la
» force de l'Etat ? La nature leur a-t-elle
» donné à eux seuls le jugement, la prudence
» et le courage ? Non : ce sont les gens du
» peuple qui fournissent les artistes, les com-
» merçans, les laboureurs, les artisans ; ce
» sont eux qui fournissent les soldats, les ma-
» telots : il naît parmi eux des hommes qui
» font honneur à leur patrie, et en sont les
» défenseurs. Qu'on parcoure les annales
» du monde, on verra que dans toutes les
» nations les gens du peuple ont produit des
» héros. De quelle utilité sont à la patrie
» ces nobles qui passent leurs jours dans l'in-
» dolence, et prétendent jouir d'une consi-
» dération qui ne leur est nullement due,
» briguent des honneurs dont ils ne sont pas
» dignes, aspirent à des places qu'ils ne sont
» pas capables de remplir ? On les entend
» cependant dire que les accorder à des ro-

» turiers, c'est les dégrader. Quoi ! l'on dé-
» grade les dignités, les honneurs en les
» accordant au mérite ! Ils ne sont dus qu'à
» lui seul. Suivre d'autres maximes, c'est
» éteindre toute émulation, c'est ôter l'espoir
» des récompenses, anéantir l'amour de la
» gloire. Chers citoyens, laissons le chemin
» des honneurs ouvert à tout le monde, le
» desir d'y arriver excitera l'émulation dans
» tous les Etats, et l'on verra les Génois
» remplir la terre de leur nom, comme fai-
» soient autrefois leurs aïeux. »

Ce discours produisit tout l'effet qu'il devoit en attendre : Gènes fut défendu, les
ennemis de la république se dispersèrent, et
son territoire fut respecté. Le peuple recon-
noissant voulut élire André doge perpétuel ;
la perpétuité du pouvoir n'étoit pas dans les
principes de ce grand homme : heureux d'a-
voir servi la République, il crut la servir encore en repoussant l'offre qu'on lui faisoit ;
et après avoir rétabli la tranquillité dans
Gènes, il alla chercher le repos et le bonheur au sein de sa famille.

Il en fut arraché par Charles-Quint ; plus
adroit que François premier, celui-là sut gagner
les Génois, qui suivirent ses intérêts jusqu'à
la paix de 1544.

A cette époque Doria étoit de nouveau retiré dans sa famille, où il sembloit occupé à faire oublier ses services. Tant de modestie ne le garantit pas de la jalousie du jeune Jean *de Fiesque*. Ce jeune homme, dévoré d'ambition, s'arrache des bras de son intéressante épouse, qui le couvre de ses larmes, et lui montre les dangers qu'il va courir, et que partage leur malheureux enfant. Dans sa douleur, elle souhaite que la nuit qui commence soit pour elle une nuit éternelle; elle le devint pour son époux : son frère prit sa place à la tête des conjurés, tous furent vaincus, et *Doria*, que les conjurés devoient assassiner, intercéda pour que l'on ne déployât pas envers des citoyens la sévérité qu'il faut, quand le salut de l'État ne la commande pas, réserver pour l'étrange.

Une autre conjuration qui avoit *Cibo* pour chef, donna au sénat l'idée de bâtir une citadelle. « Ce ne sera point par des remparts » et des soldats, dit *Doria*, que Gènes conservera sa liberté : l'union des citoyens peut » seule la maintenir. »

Lorsque Philippe, fils de Charles-Quint, passa à Gènes, le troupes de la République en vinrent aux mains avec celles d'Espagne :

Doria se présenta au milieu des combattans, et l'aspect de ce vieillard fit tomber les armes et ramena le calme.

Malgré les glaces de l'âge, il fut encore combattre *Dragut*.

A l'âge de quatre-vingt cinq ans il empêcha les Corses de se réunir à la France.

Il avoit quatre-vingt treize ans quand la République perdit son appui, et que le peuple génois tout entier eut à pleurer la perte de ce grand homme, qui avoit fait de sa nation une seule famille, et la présidoit par le pouvoir que donnent l'âge, la valeur et la vertu.

Ce fut sous François premier que se forma ce Paulin, dit baron de la Garde, qui, né de parens pauvres, élevé dans des écoles de charité, d'abord goujat d'une chambrée de soldats, crut avoir assez d'avancement quand il parvint à être soldat lui-même, et fut depuis officier-général, ambassadeur à Venise et à Constantinople, il apprit la marine dans sa première ambassade, et dans la deuxième il se fit désigner par le Sultan pour commander les flottes réunies. François premier répondit à ceux qui critiquoient ce choix : « Chaque action de Paulin vaut mieux qu'un

» siècle d'aïeux ; » et pour le mettre à la mode, il lui donna la qualité et le nom de baron de la Garde.

Ce fut lui qui, voyant la répugnance des Français au service de la marine, conseilla d'employer comme rameurs les prisonniers détenus pour crime capital.

1543.

La gloire de Paulin eût été entière s'il ne s'étoit chargé de désoler les rives de la Durance et le comtat Venaissin, où des malheureux, désignés sous le nom de Vaudois, respectables par leur croyance, fondée sur l'humanité, sur la vertu ; plus respectables par leur scrupuleuse fidélité à ces principes, vivoient en paix et faisoient le bien. Paulin craignant que ses liaisons avec les Turcs fissent suspecter sa religion, devint cruel par lâcheté. Les campagnes furent dévastées ; le feu ravagea les habitations ; le fer frappa les intéressans Vaudois jusque dans les tombeaux, où des femmes et des enfans avoient cherché un asyle trop peu sûr : et c'étoit au nom du Dieu qu'adoroit le gouvernement que de pareilles monstruosités étoient commandées ! François premier mourut, et pour calmer l'indignation de l'Europe entière qui réclamoit contre tant d'horreurs, Henri II fut obligé d'ôter au bar-

bare Paulin sa charge d'amiral des galères ;
et le parlement le condamna à une prison per-
pétuelle.

Le fils de François premier, Henri II, épousa
la fille du duc d'Urbin, cette horrible Catherine de Médicis, qui nous donna François
II, Charles IX, Henri III, et fit périr en un jour
plus de Français que la guerre n'en eût détruit
dans vingt batailles.

Le maréchal de Termes, embarrassé pour
commander l'armée dirigée contre Charles-
Quint, eut besoin de Paulin, et le conseil
privé du roi le déclara innocent.

Aidé du corsaire turc Dragut, Paulin enleva aux Génois l'île de Corse ; il fut puissamment secondé par *Sprietro*, Corse au service
de la France ; et dès ce moment la Corse
auroit demeuré unie à nous, si *Doria*, à l'âge
de 85 ans, n'avoit trouvé dans son expérience
dans son courage, et dans la confiance qu'il
inspiroit, des moyens de nous enlever cette
conquête. Cette fois Paulin se montra plus
humain contre les Corses que contre les Vaudois. *Dragut* vouloit les amener tous prisonniers, et sur le refus de *Paulin* de condes-
cendre à cette demande, *Dragut* et les troupes qu'il commandoit, en quittant les Fran-

1547.

1552.

1553.

D 3

çais, les forcèrent à abandonner la Corse.

Paulin fut encore disgracié : les nobles insultèrent ce vieillard dans sa retraite. Un d'eux, qui lui avoit reproché sa naissance, refusa de se battre avec lui, parce qu'il étoit décoré du cordon de Saint-Michel. « Vous m'insul-
» tez quoique j'en sois décoré, dit Paulin,
» et vous le respectez quand il faut vous bat-
» tre ! » A l'instant il ôta son cordon et mit l'épée à la main.

1557. Sous Henri II quarante mille Anglais vinrent à Saint-Quentin. Nous reprenions l'avantage sur eux, nous avions reconquis Calais, pris sous le premier des Valois, quand des intérêts de famille arrêtèrent le cours de nos succès, et nous donnèrent ce traité de Cateau-Cambresis; funeste traité, paix humiliante, par laquelle nous abandonnâmes plus que n'auroient fait perdre les guerres les plus désastreuses ! Tout fut malheureux dans cette paix, tout, même les fêtes qu'elle fit commander, et où Henri fut tué par Montgommery.

1559. Des idées de religion, astucieusement employées à colorer, sous François II, les partis des maisons de Lorraine et de Guise, préparèrent l'éclat des troubles qui désolèrent, sous Charles IX, notre malheureuse patrie.

Les Anglais, gouvernés par la reine Élisabeth, attisèrent cette cause de dissentions : ainsi le culte réformé, favorisé par des édits, étoit proscrit par d'autres ; on opposoit aux catholiques les protestans, aux protestans les catholiques ; tous servoient d'aliment aux vengeances de la reine et aux projets de l'Anglais.

A la bataille de Dreux des Français égorgèrent des Français ; aussi la valeur étoit-elle semblable de part et d'autre. 1562.

Pour être plus certaine du carnage, la reine mit son fils à la tête de l'armée, et commanda par lui la boucherie de Jarnac et celle de Montcontour.

Les combats ne lui présentoient pas assez de sang ; elle les fait cesser, et sous les dehors d'une apparente reconciliation, quand elle unit la sœur du roi au roi de Navarre, les flambeaux de l'hymen sont changés par elle en torches funéraires.

L'amiral trop confiant, le respectable Coligny, que quarante ans de hasards avoient respecté, fut la première victime de ses fureurs, et dans une seule nuit une reine commit plus de crimes que les femmes régnantes, toutes réunies, n'ont fait de bien. 1572.

D 4

Les étrangers amenés à la cour de France furent toujours d'utiles auxiliaires de l'Angleterre, toujours ils fomentèrent chez nous et enhardirent les partis ; la religion leur prêta de funestes secours : et les Français, qui, livrés à eux-mêmes, ne se seroient jamais portés à tant de fureurs, les Français furent constamment victimes de l'ambition et de la corruption des étrangers et de l'Anglais.

Pour le malheur de la France, et malgré que la nature soit avare de monstruosités, il restoit à Catherine un troisième fils ; il vint de Pologne en fugitif. Le mépris de sa personne et de ses mignons forma la ligue ; pour la combattre le lâche eut recours à ces malheureux protestans qu'il avoit si atrocement persécutés ; il fut défendu par eux, et assassiné par un moine de son parti.

1589.

Henri III avoit établi les maîtrises et donna l'ordonnance de 1584.

Les guerres avec l'Autriche ayant leur théâtre sur le continent, les forces navales n'étoient pas employées.

Les fureurs de Catherine de Médicis, le peu d'énergie de ses fils, les dissentions religieuses et politiques avoient perdu la France. Sa marine n'existoit plus, quand Henri IV et Sully en réunirent les débris et donnèrent au commerce les encouragemens que sa situation rendoit si nécessaires.

Henri III et Charles IX, en employant *Paulin* contre les Huguenots, l'avoient déshonoré. Ce fut lui qui porta aux bords de la Tamise Fénélon, qui, chargé d'annoncer à la Reine Élisabeth le massacre de la Saint-Barthelémy, fut si humilié du rôle qu'on lui faisoit jouer, que, portant ses mains sur son visage, il s'écria : « J'ai honte d'être l'envoyé de cette » cour ! »

Paulin fut encore chargé du siége de la Rochelle. Il résista à Montgommery; mais *Sere*, chef de la marine des Protestans, le battit et le força de se retirer à l'embouchure de la Charente. Les exploits du brave *Lanoue*, ceux de ses frères d'armes, commandoient le respect pour les Rochelois. A l'ordre d'attaquer on répondit à *Paulin* par les cris de *vive la liberté !* On désertoit ses vaisseaux, on étoit heureux de s'associer aux périls des proscrits. Il fallut respecter leur asyle, et la Rochelle soutint son indépendance jusqu'en 1628, où, accablée par les forces, par l'opiniâtreté de Richelieu, elle succomba.

Paulin fut mourir dans une campagne, à

l'âge de quatre-vingts ans rongé de remords,
parce qu'on l'avoit rendu l'instrument d'ordres
abominables, mais respecté des marins comme
créateur de la science nautique en France, où
avant lui on n'avoit aucun système d'attaque
et de défense.

Alors le gouvernement cessa un moment
d'être horrible. Nourri à l'école de l'adversité,
formé par les proscriptions, brave par l'exemple des guerriers dont il avoit partagé les
hasards et supporté les fatigues, Henri IV
essaya de faire oublier les longues misères qui
désoloient un si beau pays. Vainqueur à Ar-
ques, à Ivry, au fort de la mêlée, il crioit à
ses camarades d'épargner les Français et de ne
frapper que les étrangers.

Henri IV voulut affranchir la marine de
l'espèce de servitude où elle étoit. Il ordonna
que tous les droits perçus sur nous par les autres
nations leur seroient demandés à elles-mêmes.

Il s'occupa le premier du commerce maritime; il créa des compagnies de négocians,
fixa ses regards sur nos colonies; il nous y fit
aimer des Sauvages par la douceur et l'utilité
des communications du commerce.

On lui dut l'édit de Nantes en 1593. Dé-
sireux de voir les Français s'emparer du com-

merce des deux mondes, mais persuadé qu'aucun particulier ne pourroit, sans le secours
du gouvernement, se livrer à des entreprises
hardies et ruineuses dans leurs commencemens, il créa des compagnies pour l'Acadie,
et leur donna tous les encouragemens de force
et d'argent.

On envoya une colonie dans le Canada,   1603.
malgré l'avis de Sully, qui peut-être présageoit
le sort de cette possession, si souvent attaquée par les Sauvages et par les Anglais, et
plus onéreuse qu'utile.

Henri IV fit creuser le canal de Briare, il
ordonna ces plantations si utiles à la construction nautique. Nos manufactures lui doivent la culture du mûrier et du ver à soie.

Il avoit le projet de favoriser notre pêche
sur les côtes de l'Amérique septentrionale. Il
chargea son ambassadeur en Hollande, le
président *Jeannin*, de recueillir des instructions sur le commerce et sur la marine,
et de ramener avec lui plusieurs officiers de
mer.

Sully fit un voyage à Londres avec la
même intention : mais combien le cœur de
ce ministre citoyen dut être déchiré, quand
il entendit l'Anglais commander au capitaine

qui le portoit de baisser devant lui son pavillon, pour rendre, disoit l'Anglais, l'honneur dû à la souveraine des mers !..

Quand l'envoyé du roi se plaignit au grand duc *Ferdinand* de ses outrages multipliés : « toute la faute, dit le duc, est du côté de » votre maître ; s'il avoit eu seulement qua- » rante bâtimens au port de Marseille, je me » serois bien donné de garde d'agir comme » j'ai fait. » Et ce que l'histoire doit bien buriner, c'est que le moment choisi pour assassiner Henri IV fut précisément celui où il concevoit et alloit exécuter le projet de créer enfin une marine française.

1616. La régence de la reine mère livra la France aux étrangers. Le maréchal d'*Ancre*, *Concini*, florentin comme elle, jeta par-tout leurs compatriotes, comme depuis Mazarin en peupla les administrations.

On continua de rendre les huguenots redoutables, en les persécutant.

1623. Des lettres-patentes permettoient le commerce des grains à l'extérieur, à la charge de porter à ces rapaces gouvernans la moitié du prix reçu.

1625. Malgré que les Français et les Anglais se fussent établis le même jour à Saint-Chritophe, notre marine étoit si foible, que la mer et nos côtes étoient livrées à une multitude de pirates. L'assemblée des Etats crut ne devoir pas se séparer sans avoir obtenu que l'on achèteroit aux Hollandois quelques vaisseaux pour la garde de nos ports.

Le cardinal de Richelieu fit rédiger des projets d'ordonnances: c'étoit la compilation de celles de Charles-Quint et de Philippe II, de celles de Voisboug et de la Hanse teutonique, des coutumes, du Guidon de la mer, d'un ouvrage italien intitulé *il consulato del mare*.

Louis XIII ou plutôt *Richelieu*, trop occupé des troubles intérieurs, fit peu pour la marine.

Richelieu humilia les nobles, fit cesser le despotisme féodal.

Il imposa silence à la maison d'Autriche.

La Rochelle résista en 1568 jusqu'en 1628.

Le cardinal-ministre éprouva ce que peut un parti follement proscrit, quand, bien uni, il jure de venger son offense.

La charge d'amiral supprimée, parce qu'elle donnoit une autorité trop dangereuse, fut recrée et conférée au cardinal, mais sous un titre qui démontroit l'importance que l'on commençoit à mettre au commerce maritime.

 Richelieu paralysa toutes nos forces navales, en les tenant un an entier devant la Rochelle. Les troupes de terre furent encore employées à de désastreuses expéditions en Italie.

Duquesne commençoit sa carrière.

Duquesne, que les nobles ont bien fait de qualifier du titre de marquis, étoit plébéien: son père, pauvre calviniste des environs de la Ville-Dieu, long-temps pilote au port de Dieppe, avoit obtenu dans la marine un grade, et assez de fortune pour soigner l'éducation de son fils. Marin dès l'enfance, il eut, à l'âge de dix-huit ans, le chagrin de combattre son parti au siége de la Rochelle. Instruit par ses voyages dans les ports de France, et par son séjour en Suède durant la paix, il se distingua dans la guerre contre l'Espagne, devant Sarragosse et à Barcelone.

Pendant la minorité de Louis XIV il servit en Suède, où la fille de Gustave, Christine, gouvernoit. Mazarin le rappela en 1647. Duquesne employa toute sa fortune et tout son crédit à armer à ses frais plusieurs vaisseaux; ne sachant comment rembourser ses avances, Anne d'Autriche le fit chef d'escadre: bien qu'il méritât cet avancement, peut-être la reine eût-elle été moins juste à son égard, si les finances de l'État ne l'y avoit forcé.

Avant la découverte de la boussole, la science de l'hydrographie se réduisoit à quelques observations transmises à leurs enfans par les premiers navigateurs. On s'avertissoit de la rencontre des courans et des écueils. On perdoit rarement la côte de vue ; les plus audacieux étoient les plus savans, et ce ne fut qu'après un long temps que commencèrent les progrès de la navigation.

Le chancelier Michau, peu avant sa disgrace, avoit en 1629 ordonné dans tous les ports l'établissement d'une école d'hydrographie.

La disgrace de l'auteur de cet utile projet en retarda l'exécution.

Le but étoit de former des élèves capables de prendre hauteur en mer, d'estimer la route et de régler la manœuvre. Quelques professeurs agrandirent ce cercle : ils apprenoient à figurer les ports, côtes, montagnes, tours et autres choses servant de marques aux havres et rades, et à lever les plans des terres qu'ils découvroient. Les professeurs étoient chargés de l'examen des journaux de navigation, pour rectifier les erreurs des pilotes.

Le pilote commande à la route : il est, dans les temps ordinaires, l'homme essentiel du vaisseau ; sa théorie à la guerre contribue au succès. Le pilote et le contre-maître, ou le nocher, aident au capitaine pour le commandement de la manœuvre. Il n'est donc pas indifférent de perfectionner l'enseignement du pilotage.

Il existoit sur quelques points du globe des hordes qu'on ne peut honorer du nom de nation ; aucun traité ne les lioit avec les peuples. Pirates par état, ne distinguant aucun pavillon, pas même ceux dont les Gouvernemens avoient été rançonnés par eux, ces voleurs publics dépouilloient à main armée tous les malheureux marchands qui tomboient sous leurs coups ; cependant les lois de presque tous les Etats prononcent la mort des pirates et des forbans, le droit public commande leur extermination : pourquoi ne se coalisoit-on pas pour purger à jamais les mers de ces brigands, et affranchir enfin les navigateurs de leurs horribles déprédations ? Ce ne fut qu'avec une peine extrême que nos marins chassèrent de l'île de la Tortue les pirates qui l'occupoient.

1631.

1632. Tandis que le cardinal employoit toutes

les forces de l'Etat à assouvir son ambition, tandis qu'il faisoit périr sur un échafaud le brave connétable Montmorency, et forçoit les Français, laissés sans secours, à lever le siège commencé.

Les intrépides flibustiers dépossédoient les Anglais, et fondoient notre colonie de Saint-Domingue. Parmi eux, plusieurs trouvèrent commode d'adopter les habitudes des sauvages. Comme eux, ils faisoient sécher leur chasse à la fumée dans des lieux qu'ils nommoient *boucans* ; d'autres parcouroient les mers, et ce furent ceux-là qui rendirent si redoutable le nom de *flibustier*, mot dont l'étymologie est anglaise, et signifie *corsaire*.

Où ne conduit pas l'amour de cet état, dans des temps non loin de nous et qui déja semblent fabuleux ? ces valeureux flibustiers créans au milieu des nations une nation étrangère à toutes, quoique composée d'hommes pris dans toutes ; ces flibustiers, si dociles aux chefs qu'ils se donnoient sur mer, si brutaux quand ils étoient à terre, laissèrent long-temps après eux le souvenir de ce que peut l'engouement d'un état dont les charmes ne sont bien sentis que par ceux qui en eurent l'habitude.

Les Français, déja établis à Madagascar,

1638.

1642.

E

s'emparèrent de l'île de la Réunion, dans l'Afrique orientale ; ils l'avoient nommée *île Bourbon*.

Cette colonie fut augmentée lorsque les Français, massacrés à Madagascar, furent obligés de s'y réfugier.

1643. D'autres Français fuyant l'oppression du premier ministre, et fatigués de l'intolérance religieuse, furent habiter la Guiane.

Les Hollandais cherchèrent de nouvelles possessions dans les terres qui sont vers le pôle antarctique : ils ne furent pas effrayés de la misère des habitans de la nouvelle Hollande.

1651. Ce fut à cette époque que les Anglais, gouvernés par Cromwel, proclamèrent leur acte de navigation ; il devint la base de leur commerce et la source de leurs richesses.

Il y eut un traité de commerce, en 1653, sous Cromwel ; en 1664, sous Colbert ; en 1713, sous la reine Anne : aucun ne nous fut avantageux.

1660. Parmi les pêcheurs français, les Dunkerquois avoient une aptitude et un succès marqués. Le Gouvernement voulut spéculer sur les avantages de la pêche : pourquoi ne l'auroit-il pas fait ? dans ces temps où les plus petits vassaux augmentoient les droits des seigneurs de France, il n'est pas étonnant que les rois aient eu la prétention d'être maîtres de la mer. Ils vendirent à un entrepreneur les pêcheries de Terre-Neuve ; et dèslors les Anglais, libres d'exploiter à leur gré cette utile branche des ressources maritimes, eurent la supériorité sur les Français.

Le commerce, encore au berceau, naissoit avec toute la gloire qui lui appartient. Le premier ministre s'honoroit de son titre de grand-maître, chef et surintendant de la navigation et du commerce de France.

Moins ennemi de l'Angleterre qu'ami de notre commerce, mais homme d'Etat, il sut adroitement profiter de la lutte entre Charles premier et le parlement : il occupa si bien l'Anglais chez lui qu'il l'empêcha de s'immiscer dans les querelles de la Maison d'Autriche, et délivra ainsi le commerce continental de son plus redoutable ennemi.

Le bouillant duc d'Epernon fut obligé de renoncer au droit de dépouilles de vaisseaux que la mer jetoit sur les côtes.

Les Espagnols et les Portugais aperçurent avec jalousie les dispositions des Français au commerce maritime. On frémit au récit des cruautés exercées contre nos négocians saisis sur leurs parages. Des traités entre les puissances rivales décidèrent qu'aucun acte d'hostilité ne pourroit être exercé en deçà du premier méridien pour l'occident, et pour le midi en deçà du Tropique du Cancer. Hors de là, tout devoit être de bonne prise. Le méridien, placé par plusieurs aux Açores, fut fixé à l'île de Fer.

Le cardinal et son roi moururent : Louis XIV les fit promptement oublier tous les deux par la grandeur de ses travaux maritimes.

Mazarin ne voyant dans le commerce que les moyens d'enrichir les Italiens, favorisa ses armateurs, mais en leur faisant payer très-cher son appui.

Il seroit injuste de terminer le règne de Louis XIII, sans rappeler que nos relations extérieures reçurent de *Richelieu* une force et un à-plomb qu'elles n'avoient pas eu. Il parut connoître les devoirs que lui imposoit sa charge de surintendant du commerce ; peut-être que, moins occupé des troubles intérieurs, il eût donné à la diplomatie une direction plus utile en en rapportant les actes moins à des intérêts de famille qu'à ceux de commerce : cette science étoit encore dans son enfance.

Ce fut seulement vers la fin du milieu du quinzième siècle que l'usage d'envoyer des ambassadeurs adopté par tous les peuples et dans tous les temps, mais seulement pour des missions temporaires et déterminées, devint une pratique constante, un cérémonial, ou plutôt un prétexte pour s'immiscer dans les affaires d's autres.

Ces envoyés, pendant la permanence de leurs fonctions, furent dès-lors traités chez les nations comme l'étoient précédemment ceux dont la légation avoit un objet déterminé.

A ce corps diplomatique se joignit depuis un corps commercial dont la mission, pour être moins brillante, n'étoit pas moins respectable.

Les rapports de ces différens envoyés, la nécessité de les régler, portèrent les publicistes et les hommes d'Etat à étudier les constitutions des peuples ; cette étude conduisit à déterminer les limites du droit public universel, celles du droit public de chaque nation, celles du droit des gens ou du droit naturel appliqué aux nations considérées comme agissant entre elles en corps politiques, indépendans les uns des autres : et à l'égard de ce qui concernoit les envoyés permanens ou temporaires, on distingua ce qui étoit du droit des gens nécessaire de ce qui dépendoit du droit des gens conventionnel.

Ces principes étoient généralement adoptés lorsque le commerce introduisit ses consuls dans les lieux d'entrepôt ou d'étapes. Bien qu'ils n'eussent aucune mission politique, ils jouirent des mêmes avantages que le corps diplomatique, à quelques différences près, effet de la différence de leurs objets, et avec les modifications qui résultoient des circonstances locales et politiques.

Le commerce d'importation et d'exportation faisant des progrès, les voyageurs soumis durant leur séjour aux lois du souverain territorial pour la police publique et pour les causes écrites, dans lesquelles les citoyens de la localité où ils séjournoient étoient intéressés, devoient néanmoins se régir entre eux d'après les lois et usages de leur pays, lois et usages qui avoient servi de base aux engagemens contractés : les principes et les détails en étoient inconnus ; il étoit nécessaire d'appeler pour prononcer sur leurs contestations un juge de leur nation : les consuls remplirent ce but.

Ces envoyés, en même temps qu'ils étoient agens du commerce, cumuloient les fonctions importantes d'officiers de justice, de police et d'administration. Avant de terminer cet ouvrage, en examinant la situation actuelle des puissances de l'Europe, j'aurai occasion de revenir sur l'utilité de ces représentans du commerce national. Hâtons-nous de parcourir les événemens qui nous ont précédés.

Le siècle de Louis XIV fut l'époque des succès de la marine et presque de sa création.

Alors l'Angleterre et l'Espagne se partageoient le sceptre des mers ; les autres nations étoient leurs tributaires. Louis XIV défendit de baisser le pavillon français devant aucun autre. Charles II fut étonné de cette résistance : Louis répondit en donnant une plus grande activité dans ses ports.

Dans son enfance, les batailles de Rocroi, de Norlingue, de Lens, avoient fait respecter nos armes, lorsqu'en 1648 nous les tournâmes contre nous-mêmes.

Pour empêcher les Français de porter ailleurs leurs richesses et leur industrie, il fut défendu aux négocians voyageant dans les Echelles du Levant et de la Barbarie, d'y acquérir des biens-fonds.

1643.

6 juillet 1649.

Il força l'Espagne à désavouer son ambassadeur à Londres, qui disputoit au nôtre le droit de préséance.

Il envoya des troupes aux Hollandais; et les Anglais, battus par eux, le furent encore par nous.

Ruyter et Tromp, matelots tous les deux, devenus tous deux amiraux après avoir passé successivement par tous les grades, commandoient les Hollandais.

Élève de Ruyter, Tromp l'accompagna dans toutes ses courses contre les Barbaresques; une funeste jalousie les divisa depuis.

Il attaqua les Anglais si souvent, et sur tant de points, qu'ils disoient: « Il y a donc » cinq ou six Tromp dans l'armée hollandaise! »

Tromp maltraité par ses compatriotes, destitué de tous ses emplois, et forcé de se retirer chez lui, reçut de l'ambassadeur de France des propositions d'emploi. *Tromp* témoigna sa satisfaction d'avoir mérité l'estime des Français : « Mais, ajouta-t-il, je » refuse les offres qui me sont faites ; si je » les acceptois, je prouverois que ma patrie » a eu raison de m'humilier, puisque je » serois capable de l'abandonner. Je veux

» que ma fermeté, dans mon malheur,
» lui reproche seule la conduite qu'elle tient
» à mon égard : mon honneur et mon devoir
» demandent que je reste ici. »

Enfin Ruyter et Tromp sacrifiant leurs passions particulières se réconcilièrent, ils servirent ensemble ; et dans le premier combat qu'ils livrèrent aux Anglais, Ruyter fut assez heureux pour sauver Tromp qui succomboit : dès-lors leur ancienne haine fut changée en une amitié inaltérable.

Colbert eut une grande part à la création de notre marine et à la splendeur de notre commerce. Contrarié par les préjugés de son siècle, ce grand homme fit des choses qui honoreroient le nôtre.

Ne pouvant vaincre la folie des nobles qui s'éloignoient du commerce, il anoblissoit les commerçans. Il se brouilla avec les Turcs, en envoyant des secours à l'empereur Léopold, et encore en se mêlant du siége de Candie.

Les magasins, les arsenaux, les édifices nécessaires à l'équipement et à l'avitaillement des vaisseaux n'existoient pas avant lui. Aux deux ports de Brest et de Toulon il ajouta celui de Rochefort. Dunkerque et le Havre furent réparés : plus de cent vaisseaux de ligne parcouroient les mers. Ceux du commerce étoient par-tout.

A toutes les compagnies établies par Henri IV et par Louis XIII, Louis XIV en ajouta de nouvelles.

mai 1664. Il créa ces deux compagnies devenues en peu de temps si célèbres, si riches et si puissantes, sous les noms et pour la destination des Indes orientales et des Indes occidentales.

Le but du gouvernement étoit d'assurer l'établissement de notre commerce et non de l'entraver, car ce moyen eût été destructif ; aussi dès que ce but fut rempli aux Indes occidentales, cette compagnie fut dissoute dix ans après son établissement, et nos armateurs demeurèrent seuls chargés de toutes les opérations sur la côte de Guinée. On leur donna toute la liberté et tous les encouragemens nécessaires pour transporter dans les îles d'Amérique des habitans qui pussent les cultiver.

1665. On avoit des ports, des vaisseaux, des officiers, mais on manquoit de matelots ; on adopta le projet d'un enrôlement avec la distribution par classes.

La Guyane fut prise par les Anglais.

Colbert doubla le tarif des droits pour l'entrée des laines, et les Anglais s'empressèrent de demander un traité de commerce.

L'ordonnance du 22 septembre 1668 portoit que les matelots, partagés en trois classes, serviroient une année sur les vaisseaux de l'Etat et deux années sur les bâtimens du commerce.

Après la guerre dans la Flandre, où Turenne commandoit; après la Ligue et la paix avec la Hollande, l'Angleterre et la Suède, on fit le traité d'Aix-la-Chapelle.

Louis XIV anoblit les chefs des manufactures d'Abbeville et de Sedan.

Il déclara que les nobles feroient, sans déroger, le commerce maritime et celui de terre en gros.

La jurisprudence nautique, négligée chez nous, tandis que nos voisins perfectionnoient la leur, n'étoit pas la moindre cause du peu de progrès du commerce maritime.

Louis XIV donna la célèbre ordonnance de la marine, du mois d'août 1681 : elle est aussi parfaite que le permettoient les préjugés féodaux du temps.

Fondée sur le droit maritime, exacte dans

tous ses détails, chaque article est clair et laconique ; les contrats maritimes sont fixés d'une manière certaine. Elle fut adoptée par les autres nations : elle devint loi générale.

Colbert supprima l'hérédité des consulats.

1668. Les Anglais troubloient notre pêche du corail dans leurs mers : il les força à la respecter.

Il donna des secours à Candie contre les Turcs.

1669. Il rendit libre le commerce de l'Amérique septentrionale.

Il fut fait alors par les armateurs ; ils firent fortune là où le gouvernement s'étoit ruiné, parce qu'il n'appartient pas au gouvernement de faire des entreprises de commerce.

1672. La Guyane fut prise par les Hollandais.

L'armée française entra en Hollande.

Il fut défendu de commercer avec les Hollandais.

Colbert en 1672 avoit accordé des primes aux armateurs qui voudroient aller chercher des esclaves. Tous s'étoient distingués dans la recherche et dans la poursuite des ennemis de la France, aucun ne se montra disposé à vendre des hommes, et Colbert sentit bientôt lui-même qu'il ne convenoit pas d'avilir par ce honteux trafic des négocians, dont les idées libérales étoient nécessaires à la prospérité de l'État. Il chargea donc spécialement de cette difficile commission les compagnies du Senégal et de Guinée.

Que d'autres calculent froidement les avantages de ces marchands négriers : tous ces avantages, réels si l'on veut, ne balancent pas celui de la liberté.

Les voleurs qui, postés au fond d'un bois épais, épient les pas du trop confiant voyageur, l'arrêtent dans la nuit, le traînent à travers les détours tortueux de leurs sombres cavernes, lui arrachent la vie pour lui prendre un peu d'or, ces brigands aussi ont un gain certain. Peut-il tenter d'autres hommes qu'eux ? Le monde tout entier frémit au récit des forfaits de quelques scélérats, et l'on se tairoit sur les violences exercées envers des malheureux que nous appelons sauvages, parce qu'ils n'ont pas les vices, la dissimulation, les fureurs des habitans des cités !

Pour ajouter aux richesses des armateurs la considération due aux hommes qui servent leur pays, Colbert employa les prestiges du temps : il déclara, par l'arrêt du 5 décembre 1664, que les nobles qui feroient le commerce maritime ne dérogeroient point. Sans doute il est humiliant pour ces temps-là qu'il ait fallu une pareille déclaration ; mais chacun a sa manière d'honorer, et quand les honneurs rendus, quelle qu'en soit l'expression, s'appliquent à un objet honorable, le but est bon. Cet arrêt prouve que dans les vanités d'alors, armer en course et enrichir son pays n'étoient pas des services dédaignés.

Excités par cet appel, tous les Français possédant quelque fortune prirent intérêt aux armemens.

Les étrangers invités à conduire leurs bâtimens dans nos ports répondirent à cet appel ; et en même temps que des arrêts offrirent des gratifications aux étrangers qui augmentoient le nombre de nos vaisseaux, un autre arrêt du 28 octobre 1679 en accordoit aux Français qui feroient bâtir des vaisseaux dans les ports étrangers, pour les conduire en France. Ainsi les ports, l'industrie de toutes les nations, concouroient à la création de la marine française.

Par édit du mois d'août 1673, les marins étoient autorisés à refuser de plaider, et de

se défendre des actions civiles contre eux in-
tentées pendant l'année de leur service, ce qui emportoit la surséance de toute poursuite contre eux en leurs procès et différens civils.

Avant le quatorzième siècle, la jurisprudence française ne contient aucun acte relatif à l'armement en course.

Ce n'est qu'au dix-septième siècle que cette manière de combattre est soumise à des règles plus certaines.

Après la prise de Maestricht et la ligue de l'Europe, le gouvernement accorda aux armateurs l'autorisation de se servir des vaisseaux de l'Etat; et après avoir prélevé sur les prises les avances des armateurs pour le radoub, un tiers des bénéfices revenoit à l'Etat, un autre à l'armateur et un autre à l'équipage.

Les armateurs eurent un si grand succès, que le gouvernement, pour les faciliter davantage, renonça, le 8 novembre 1688, à son tiers de bénéfice.

Ce nouvel encouragement produisit son effet; alors, par un nouveau réglement de la même année, il fut ordonné que les vaisseaux seroient donnés radoubés, agréés et carénés avec les munitions, agrêts et rechanges nécessaires, sans aucune répétition à cet égard, et sans responsabilité de la part des armateurs, en cas de perte des vaisseaux ainsi prêtés.

1675. Turenne mourut : la marine sembloit essayer de réparer une perte si sensible.

1676. Tout le monde connoît la victoire que remporta *Duquesne* près de Messine, lorsqu'il força les Hollandois à fuir dans Syracuse ; mais il faut qu'on n'oublie jamais la modération qu'il montra dans la prospérité. *Ruyter* avoit péri des blessures reçues dans le combat. Le capitaine hollandois qui conduisoit dans sa patrie les restes de ce grand homme, fut attaqué et pris par *Duquesne* : en lui remettant son épée, il lui annonça quel trésor portoit son vaisseau. « Votre mission, lui dit Du- » quesne, est trop respectable pour qu'on » vous arrête ». Il lui donna un passeport, passa à son vaisseau, et quand il fut arrivé à la chambre du capitaine où étoit *Ruyter*, il ne put contenir le mouvement de sa douleur et de son respect.

1677. Tromp qui servoit en Dannemarck remplaça Ruyter dans le commandement général ; il se préparoit à attaquer la flotte françoise, commandée par *Tourville*, lorsqu'il mourut

de maladie à Amsterdam, à l'âge de soixante
et douze ans.

Louis XIV offrit à *Duquesne* le bâton de
maréchal de France, seulement il y mit la
condition qu'il se feroit catholique. *Duquesne*
refusa. On conserve dans sa famille la conversation qu'il eut avec sa femme au sortir
de chez le roi. « Il falloit lui répondre, disoit
» sa femme, oui, sire, je suis protestant, et
» mes services valent bien ceux des catho-
» liques. »

Au lieu de ce bâton de maréchal, il obtint
une terre auprès d'Etampes, qu'on érigea
pour lui en marquisat.

On battit trois fois les Espagnols et les
Hollandois, désorganisés depuis la mort de
Ruyter.

Après la paix de Nimègue, Louis XIV
construisit les Invalides.

L'ordonnance de la marine du mois d'août
1681 avoit réglé la police de la mer pour
les difficultés de la navigation et du commerce.

L'ordonnance du 15 avril 1689 fut pure-
ment militaire, et n'eut point de rapport
direct au commerce.

Après un traité fait avec le roi de Maroc,

1677.

1678.

1681.

F

Duquesne fut chargé du bombardement d'Alger, qui réussit par le secours des galiotes à bombes de l'invention de *Bernard Renau*, surnommé *le Petit*, à cause de sa très-petite taille.

Renau-le-Petit, d'une famille du Béarn, très-malheureuse, parvenu aux premiers emplois par son seul mérite et par son talent pour la construction navale, fut appelé au conseil du roi, lorsqu'on y discutoit une descente à Alger. *Renau-le-Petit* ne fut pas de l'avis d'une descente; il motiva son opinion sur ce que la côte d'Alger étant très-orageuse, les vaisseaux pourroient être écartés après le débarquement, et il appuya son opinion de l'exemple de *Charles-Quint* qui, en pareille circonstance, privé de retraite, vit aux mêmes lieux, en 1541, massacrer son armée presque entière.

Au lieu d'une descente, il proposa de bombarder de dessus les vaisseaux.

Les membres du conseil qui n'avoient pas comme lui réfléchi sur la force de l'eau, sur la facilité de construire des vaisseaux plus petits, mais plus forts de bois, sans ponts, avec un faux tillac à fond de cale, sur lequel on maçonne un creux pour mettre des mortiers, les membres du conseil s'amuserent beaucoup de cette proposition. Colbert plus instruit et moins insolent dit au roi qu'il ne blâmoit pas ce qu'il ne connoissoit pas, et qu'il étoit d'avis que l'on consultât *Duquesne*. Duquesne approuva le projet de *Renau-le-Petit*, et Alger fut bombardé. Il le fut encore en 1683, et cette fois, le désespoir fut si grand à Alger, que les femmes et les vieillards portèrent sur les cendres du palais du roi Babaassen les corps de leurs enfans, de leurs époux, morts dans le bombardement, et menacèrent le roi de le poignarder, si à l'instant lui et le divan ne demandoient grace aux Français. Il le fit, et les milices humiliées le tuèrent et nommèrent roi Mezzomorto ; ce Mezzomorto étoit un scélérat que les Français avoient mis en liberté, parce qu'il leur promettoit d'employer chez les siens son influence pour faire cesser la guerre.

Le premier usage qu'il fit de sa nouvelle autorité fut d'attacher à ses canons les esclaves français qui refusèrent de prendre le turban. Un corsaire algérien avoit reçu des bienfaits d'un Français qui alloit subir ce sort affreux. Après avoir vainement imploré la clémence de ce furieux, le généreux corsaire s'élance au canon au moment où l'on y met-

toit le feu, serrant dans ses bras son malheureux ami, *Je ne puis sauver mon bienfaiteur,*
s'écria-t-il, faites-moi mourir avec lui. Cet horrible Mezzomorto fut enfin lui-même estro-
pié d'un éclat de bombe, et Alger envoya
1684. au gouvernement de France un ambassadeur,
pour se soumettre aux conditions qu'il plairoit
d'imposer.

1685. Gênes donna à la France la même satisfaction. Le ministre de la marine fut présent
à l'attaque dirigée par *Duquesne.* Le doge et
quatre sénateurs vinrent offrir toutes les répa-
rations et dédommagemens exigés.

Là se termine la carrière de Duquesne ; il
se retira en Suisse, pour n'être plus contrarié
dans l'exercice du culte protestant.

Alors se forma la ligue d'Augsbourg, alors
commença la révolution d'Angleterre.

Le prince d'Orange appelé par les mécontens, chassa Jacques II, son oncle et son
beau-frère ; celui-ci se réfugia en France.

Toutefois le commerce reçut à cette époque
un coup sensible par la révocation de l'édit
de Nantes, acte aussi impolitique qu'injuste,
dont les effets se sont long-temps fait ressentir, et qui seul suffit pour ternir un siècle
célèbre par tant d'actions et d'institutions
brillantes et louables.

On sentit, mais trop tard, les désastreux effets de cette proscription injuste. On voulut les adoucir. Un arrêt du conseil du 11 janvier 1668, permit aux étrangers, de quelque religion qu'ils fussent, de venir commercer en France, d'y séjourner eux, leurs familles et leurs domestiques; mais le commerce ne s'accommode point de ces tergiversations : il fuit les lieux où l'on proscrit, et porte ses richesses et son industrie là où la tranquillité et les engagemens ne sont pas troublés par une volonté supérieure aux lois, et opposée à la raison et à l'équité.

Les dragonades portèrent la désolation sur plusieurs points.

On avoit attiré les étrangers, et à cause de la différence de leurs cultes, on les dispersa dans l'univers, où ils furent porter la haine du nom français, et le mépris pour leur chef intolérant.

Un conseil de commerce fut créé et séparé du conseil d'état.

Un édit particulier créa six intendans du commerce ; des chambres furent formées dans les principales places.

Pour empêcher les étrangers de s'emparer de notre industrie, il fut ordonné de ne délivrer de passeports aux armateurs qu'autant que leurs vaisseaux seroient actuellement dans le port, et après avoir reçu des propriétaires la soumission de les ramener dans l'un des ports de France.

On ajouta la peine de confiscation, celle de 1500 liv. d'amende, et même la punition corporelle, contre ceux qui prêteroient leurs noms à un étranger.

On autorisa les officiers de la marine de l'état à y servir sans que leurs appointemens fussent à la charge des armateurs.

Les flibustiers, commandés par Ducassé, firent en 1688 d'inutiles efforts.

Une ligue fut fomentée à Augsbourg, contre la France, par Guillaume III.

Alors commença la guerre du Palatinat.

Les alliés profitèrent de cet incident.

Luxembourg battit les alliés dans les mêmes plaines de *Fleurus*, célèbres depuis par la victoire des républicains, commandés par *Jourdan*.

Les Anglais, en bloquant Dunkerque, donnèrent à *Jean-Bart* l'occasion de signaler son audacieux courage.

Fils d'un pêcheur de Dunkerque, d'abord mousse sur la flotte hollandaise, Jean-Bart, à la nouvelle de la déclaration de guerre contre sa patrie, honteux de servir les ennemis de son pays, déserte et vient monter un corsaire de Dunkerque ; son courage le fait distinguer. Sa part dans de riches prises le met bientôt en état d'équiper à ses frais une galiote : avec deux pièces de canons et trente-six hommes, il attaque devant le Texel une frégate de dix-huit canons, saute à l'abordage et l'amène à Dunkerque. Devenu plus riche et réuni à d'autres armateurs, il arme une frégate d'onze canons, et en prend le commandement ; en peu de temps les prises qu'il ramène donnent à ses associés les moyens d'armer cinq autres frégates. Jean-Bart est chef de cette petite escadre.

Les prodiges de chacune de ses courses sont écrits dans les fastes de la mer. Le Gouvernement lui envoya une médaille et une chaîne d'or, avec une commission de lieutenant de vaisseau.

Ce fut alors que chargé, avec le comte de *Forbin*, d'escorter un convoi, tous les deux, après une résistance digne de leur réputation, leurs vaisseaux rasés de l'avant à l'arrière, furent forcés de se rendre. On

les conduisit à *Plymouth* ; là, malgré leurs
blessures, et renfermés dans des prisons gril-
lées et cernées de gardes, ils parvinrent à
s'évader. Ils se jetèrent dans un canot abandonné ; *Forbin* saisit le gouvernail, *Jean-Bart*
les rames : ils arrivèrent ainsi dans un village
de la Bretagne, où le bruit de leur mort avoit
déja jetté la consternation.

Le port de Dunkerque étoit bloqué de
telle manière qu'aucun bâtiment n'en pouvoit sortir. Jean-Bart, fatigué de son inaction, arma une escadre de petits vaisseaux
destinés à passer par les intervalles des grands
vaisseaux pour gagner la pleine mer et attaquer le commerce ; il mit à la voile durant
la nuit, et criant aux autres capitaines de
faire comme lui, il passa par un des intervalles qui étoient entre les ennemis, lâcha
ses deux bordées, et étoit déja bien loin
avant que l'on fût revenu de la surprise que
causoit une telle hardiesse. Après avoir descendu en Corse, il amena ses prises en
Norwege. Il étoit à *Bergue*, quand un capitaine anglais l'invita à déjeûner à son bord :
brave et confiant, *Jean-Bart* s'y rendit ; au
moment où finissant de fumer sa pipe il se
retiroit, le capitaine lui dit : *Jean-Bart, je vous*

cherchois depuis long-temps ; j'ai promis de vous amener en Angleterre , vous êtes mon prisonnier. Jean-Bart furieux renverse tout ce qui l'approche , court à un tonneau de poudre , et allumant sa mèche : *non* , s'écrie-t-il , *je ne serai pas ton prisonnier ; le vaisseau va sauter.* Tous craignent pour leurs jours , et demeurent immobiles : les Français accourus aux cris de Jean-Bart , s'emparent du vaisseau , et malgré la neutralité déja violée par les Anglais , ils le ramènent à Brest.

Jean-Bart n'eut pas à la cour le même succès que sur mer. Par complaisance pour son camarade *Forbin* , qui essayoit de le maniérer, il se fit faire un habit complet de drap d'or , doublé de drap d'argent. Le roi, qui avoit voulu le voir, l'invita à lui raconter les détails de sa sortie de Dunkerque. *Jean-Bart* toujours fumant fit ranger sur une ligne les seigneurs présens à cette conversation, et passant ensuite au milieu d'eux , en les heurtant brusquement : *voilà* , dit-il , *comme j'ai fait.* Les inutiles de la cour se vangeoient en disant : Allons voir le chevalier de *Forbin* qui mène l'ours.

Ils ne jouirent pas long-temps de ce spectacle ; Jean-Bart continua d'être la terreur des ennemis du pavillon français ; devenu un des premiers officiers de notre marine, son histoire se lie à celle de notre nation : tous les traits en sont connus, mais il en est un qui mérite d'être souvent répété, parce qu'il montre ce que peuvent les Français bien dirigés. *Jean-Bart* étoit sorti de Toulon avec son vaisseau pour aller chercher plus de cent bâtimens marchands qui revenoient des ports du Nord, sous l'escorte de deux vaisseaux suédois et danois : ces neutres rencontrés par huit vaisseaux hollandois les laissèrent s'emparer du convoi ; heureusement *Jean-Bart* rencontra aussi les huit vaisseaux. Il harangua ses compagnons : « Camarades, » leur dit-il, point de canon, point de fusil, » songeons à donner des coups de pistolet, » des coups de sabre : je vais attaquer le » contre - amiral et vous en rendrai bon » compte. » Aussitôt toutes les voiles sont déployées, tous les vaisseaux se précipitent les uns contre les autres. L'amiral *Hides-de-Vries*, le plus brave des Hollandois, les commandoit. Jean - Bart est le premier à l'abordage, l'amiral aussi se présente pour le repousser, tous les deux combattent corps à corps, l'amiral succombe : les troupes, échauffées par l'exemple de leurs chefs, font des prodiges. Ils retracent ces combats si bien peints dans l'Énéide où tout Troyen est *Hector*, tout Grec est *Achille*. Les Hollandois se montrèrent tous braves comme leur amiral; tou les Français furent audacieux comme Jean-Bart. Avant de sauter à l'abordage, il avoit promis dix pistoles à celui qui arracheroit le pavillon de l'amiral, six à celui qui apporteroit le pavillon de la poupe. Déjà un jeune provençal étoit au gros mât, lorsqu'il fut atteint de deux coups de fusils à la cuisse et au bras; il bande ses deux blessures avec son mouchoir et sa cravate; il continue de monter, il enlève le pavillon, le tourne autour de son corps en forme de ceinture, redescend et se traîne encore jusque sur la dunette pour enlever l'autre pavillon: alors frappé par le contre-maître, qui lui porte un coup d'esponton, il l'attère d'un coup de sa hâche d'armes, continue de détacher le deuxième pavillon, et est assez heureux pour les porter tous deux à *Jean-Bart*.

Les Français jetèrent de nouveaux secours en Irlande: seulement alors comme aujourd'hui, ces secours étoient insuffisans; la division entre les chefs français et irlandais les rendit inutiles : il fallut évacuer l'Irlande , mais non pas les mers. Les flottes françaises donnoient par-tout la chasse à celles des puissances coalisées. Elles tentèrent différentes attaques sur la partie française de St.-Domingue , et sur la Guadeloupe. Quelques vaisseaux marchands armés en guerre suffirent pour leur faire abandonner leur entreprise.

Tourville attaqua dans la Manche les alliés réunis ; dans ce combat, le plus sanglant peut-être dont les mers aient été le théâtre, chaque vaisseau français avoit à se défendre contre trois vaisseaux ennemis.

Les projets de descente conçus de part et d'autres ne purent s'effectuer , mais les armateurs français détruisirent le commerce anglois ; un seul fit en quinze jours vingt-deux prises.

Deux jours après , *Tourville* battit dans la Manche les armées navales de Hollande et d'Angleterre.

1692.   On donna au roi Jacques une flotte pour retourner dans ses États ; *Tourville* la commandoit, elle rentra à St.-Malo sans grands succès.

1693.   *Furnes* , défendue par quatre mille Anglais, fut prise en quinze jours.

Tourville coula à fond plus de quatre-vingt navires des flottes marchandes hollandaise et anglaise ; le reste fut mis en fuite.

La citadelle de Rose fut obligée de capisurer ; une flotte marchande escortée par vingt-sept vaisseaux de guerre, et estimée plus de vingt millions, est toute entière prise par *Tourville* sur les côtes de Portugal.

Les Anglais furieux de leurs défaites multipliées, et chagrins de la perte de tant de richesses, n'espérant aucun succès sur la marine française, mais voulant du moins se venger du mal que leur faisoient les corsaires, conçurent un projet horrible.

Les armateurs les plus célèbres étoient sortis de Saint-Malo ; les Malouins portoient l'épouvante chez les marchands anglais.

Les Anglais voulurent punir ces intrépides marins par la destruction de leur ville. Un bâtiment fut construit de manière à porter une immensité de matières combustibles ; ils le nommoient *la Machine-infernale* ; il devoit vomir, par six bouches à-la-fois, des flots de poudre, de soufre, de poix-résine, de fer, de grenades, de chaînons. Dans une nuit où le temps étoit serein et la mer calme et plane, ils se présentèrent devant Saint-Malo.

1693.

26 novemb. 1693.

A l'approche de cet affreux vaisseau, les habitans, non moins braves dans leurs murs que sur les mers, prennent les armes et se présentent sans être effrayés du sort qu'on leur prépare. Les Anglais font avancer à pleines voiles ce redoutable bâtiment ; il touchoit aux murs de la ville quand, détourné par un coup de vent, il va s'entrouvrir contre un rocher ; en un instant les eaux pénètrent et détruisent l'effet de cette exécrable invention.

L'ingénieur qui s'étoit pressé d'y mettre le feu, fut emporté avec ses camarades ; le bruit fut horrible, la terre fut ébranlée à trois lieues à la ronde.

Le cabestan écrasa la maison où il tomba, et toute la ville demeura couverte d'une pluie d'ardoises et de tuiles.

Une grande expédition navale des alliés n'eut d'autre effet que de jeter quelques troupes dans Barcelone. Ils firent inutilement quelques descentes : ils firent avancer deux de leurs machines infernales contre les forts qui gardoient l'entrée du canal de Dunkerque. Le canon des batteries qui bordoient le rivage fit sauter en l'air ces machines à cinquante toises des jettées.

Ils bombardèrent Saint-Malo.

Leur flotte sur la Méditerranée devoit prendre Marseille et Toulon ; elle ne put rien qu'essayer de défendre leur commerce contre nos armateurs.

La disette désoloit la France ; les bleds que *Jean-Bart* conduisit dans nos ports ramenèrent l'abondance ; on frappa des médailles pour en perpétuer le souvenir ; la cour crut faire assez en lui donnant des lettres de noblesse, et dans le préjugé d'alors il eut le comble des honneurs ; le roi lui permit de charger l'écusson de ses armes d'une fleur-de-lis ; le ministre nomma son fils enseigne : mais toutes ces faveurs augmentèrent moins sa gloire que la suite de ses belles actions ; il continua de protéger le commerce ; l'épouvante qu'il inspiroit étoit telle que nos marchands parcouroient les mers sans rencontrer d'ennemis ; le peuple d'Amsterdam, en voyant passer douze cents blessés que l'on menoit dans les hôpitaux, disoit : *Ce Jean-Bart est donc un démon auquel rien ne peut résister !*

Les Français étoient encore les vainqueurs des alliés ; mais leur chef écrasé sous le poids de sa grandeur, fatigué par des chagrins domestiques, n'étoit plus cet homme actif qui n'avoit pas craint la coalition de l'Europe ; son génie s'affoiblissoit, les ordres émanés de lui s'en ressentoient ; il abandonna l'Océan, qui ne fut plus parcouru que par les armateurs.

Les Anglais firent sur les côtes de Brest une descente qui ne leur réussit pas ; cependant l'amiral Barkley bombarda Dieppe, il échoua dans toutes les autres entreprises.

Les flibustiers, qui étoient bien aussi des corsaires, firent d'utiles incursions à la Jamaïque.

On ne croiroit pas aux détails des avantages que procurèrent à l'État les armateurs.

L'un d'eux nommé *Degouges*, avec six vaisseaux armés en course, prit et rasa le fort de Gambie sur les côtes de la Nigritie ; la médaille frappée à ce sujet représente un port couvert de marchandises, et des matelots occupés à les charger sur leurs vaisseaux, avec cette légende : *Indiæ hostium opes interceptæ*.

Louis XIV fit encore un grand armement, mais toujours pour l'inutile tentative de rétablir le roi Jacques.

Les armateurs plus sages continuoient leurs prises ; *Dugnay-Trouin* court chercher la flotte hollandaise qui venoit de Bilbao sous l'escorte de trois vaisseaux de guerre ; réuni à deux bâtimens de Saint-Malo, il rentre au Port-Louis avec douze prises et les trois vaisseaux hollandais.

En Amérique, cinq armateurs de Saint-Malo prennent dans la baie de Bambourg un vaisseau et neuf bâtimens marchands, font une descente dans la baie, s'emparent de cinq petits forts, passent à Ragnouze, détruisent les habitations et reviennent avec trente vaisseaux chargés de butin.

Commandés par Ducasse au nombre de douze cents, les flibustiers s'emparèrent de Carthagène, et procurèrent à la France plus de quarante millions. La marine prit Carthagène et coopéra à la prise de Barcelone.

Jean-Bart, devenu chef d'escadre, fut chargé de conduire à Dantzick le prince de Conti, élu roi de Pologne; le prince, encore effrayé des dangers auxquels il avoit échappé, disoit à Jean-Bart : *S'ils nous avoient attaqués, ils auroient pu nous prendre.* — *Cela étoit impossible.* — *Comment auriez-vous fait ?* — *J'aurois fait sauter notre vaisseau ; mon fils attendoit à la sainte-barbe le signal pour mettre le feu. Le remède,* répartit le prince épouvanté, *le remède est pire que le mal.*

G

Jean-Bart est une preuve que les braves courent dans les combats moins de dangers que les lâches : lui qui les bravoit tous, lui qui par-tout portoit l'épouvante et la destruction, et qui toujours combattoit corps à corps, Jean-Bart sembloit néanmoins commander à la mort ; il ne fut atteint d'aucun coup dangereux, sa carrière longue et glorieuse fut paisiblement terminée ; les fatigues des préparatifs d'un grand armement à Dunkerque pour la guerre de 1702 lui donnèrent une pleurésie, et il cessa de vivre.

Duguay-Trouin suivoit l'exemple des grands hommes de son siècle ; il étoit né à Saint-Malo. Durant la paix, marchand, et armateur aussitôt que la guerre exigeoit de nouveaux efforts du commerce, son père étoit un des plus braves habitans de ce port si redouté des Anglais. Duguay-Trouin, d'abord jeté dans le clergé, s'arracha à un état qui ne lui convenoit point, et fut volontaire sur un bâtiment armé par sa famille en 1689. Les commencemens de sa navigation auroient découragé un homme moins ferme dans ses desseins ; il fut long-temps fatigué du mal de mer ; un naufrage et des combats rendirent ses premiers voyages encore plus difficiles. Dans un

abordage il vit le contre-maître se laisser
tomber à la mer, les deux vaisseaux l'écra-
sèrent en se joignant ; lui-même avancé jusque sur le bossoir pour s'élancer le premier
dans le vaisseau ennemi, mais non accoutumé
à la violence d'un pareil choc, fut précipité
dans la mer ; et dès le premier pas de sa
carrière il périssoit, si des matelots qui l'ap-
perçurent, et qui se hâtèrent de mettre leur
canot à la mer, n'étoient parvenus à le sauver : tout couvert d'eau et encore étourdi de
sa chute, il se battit de manière à se faire
distinguer de tout l'équipage. Le compte qu'on
en rendit au retour, détermina sa famille à
lui confier un bâtiment. Il n'avoit que dix-
neuf ans, il étoit à sa seconde course, et personne ne montroit autant de dispositions que
lui, personne n'avoit plus de courage : bientôt célèbre par les prises qu'il ramenoit et par
le rang qu'il occupoit parmi les Malouins, il
obtint du Gouvernement le commandement
de la frégate *l'Hercule.*

Dans un moment où blessé et laissé sans
connoissance, il n'avoit pu empêcher la reddition de son vaisseau, il fut conduit à Plymouth d'où une Anglaise sensible à son sort,
lui donna la facilité de s'évader. A son retour

il fut à Rochefort prendre le commandement du vaisseau *le Français*. Son activité fut quelque temps paralysée par la douleur qu'il ressentit de la perte de son jeune frère qui, sous ses yeux, blessé à mort, expira dans ses bras. Duguay-Trouin, sensible comme sont les braves, demeura durant six mois dans un état d'accablement qui l'empêchoit de rien entreprendre pour sa gloire.

Enfin l'intendant de la marine à Brest, en qui il avoit beaucoup de confiance, l'arracha à cette cruelle léthargie en le déterminant à commander trois vaisseaux envoyés à la rencontre de la flotte de *Bilbao*. Le succès qu'il eut fut encore payé trop cher ; il perdit dans le combat trois de ses plus proches parens et une partie des hommes qu'il commandoit. La paix lui rendit le repos nécessaire à sa situation.

Quoiqu'on lui eût confié des vaisseaux du roi, il n'avoit aucun grade militaire ; le ministre *d'Argenson* lui fit conférer celui de capitaine, et il honora la marine royale autant que la marine marchande.

Las de ruiner les peuples pour multiplier leurs humiliations, les cours de Hollande, d'Angleterre, d'Espagne, et l'Empereur desirèrent la paix ; et la France, après tant de succès, montrant la modération qui sied au vainqueur, consentit au traité de Riswick. Par une de ces bizarreries qui attachent à la destinée de quelques hommes celle des peuples, l'Espagne, en prenant un maître parmi ceux qui gouvernoient la France, devint son alliée ; les deux nations virent cesser de trop longues querelles : et par une de ces convenances que l'on nomme science diplomatique, la même cause qui assuroit la paix entre la France et l'Espagne, devoit nous faire déclarer la guerre par l'Empereur, qui prétendoit à la succession d'Espagne ; et, sous prétexte de le seconder, par la Hollande et l'Angleterre, mécontentes de l'alliance de deux puissances maritimes : heureusement la marine française s'étoit conservée dans toute sa force et tout son éclat.

Forbin conduisit nos vaisseaux sur la Méditerranée ; la violation de la neutralité par les Vénitiens faillit nous perdre. Forbin brûla Trieste, et fit des prises aux Vénitiens.

Le comte de Forbin n'étoit pas étranger au commerce : il s'y livra dans ses voyages en Chine et dans l'Inde ; il arma plusieurs fois en course ; il croisoit dans la Manche, lorsque son bâtiment fut assailli par une violente tempête ; les matelots à genoux invoquoient leurs saints. *Vos vœux sont bons*, leur cria Forbin, *mais priez sainte Pompe, sainte Pompe seule vous sauvera.*

Après la mort de Guillaume, la reine Anne, fille de Jacques II, envoya des vaisseaux contre Cadix, qui résista ; mais notre flotte éprouva des pertes, qui depuis n'ont jamais été réparées.

Ces pertes furent moins désastreuses pour notre marine que le découragement des corsaires ; on voulut les soumettre à des droits onéreux : alors, au lieu de chercher à faire des prises dont tout l'avantage n'étoit plus pour eux, ils renoncèrent à la course, et furent commercer avec les Espagnols dans la mer du Sud.

Vainement on fit sortir des vaisseaux de Toulon et de Brest ; notre marine, privée de son auxiliaire, fit peu de chose.

1705. Elle ne put empêcher l'archiduc *Charles*, prétendant au trône d'Espagne, d'arriver à Lisbonne : toutefois les Français ne se présentèrent pas sans succès ; et quand le comte de Toulouse retourna à la cour, et que les escadres armées en course combattirent avec

les armateurs, le chevalier de Saint-Pol et
cinq armateurs amenèrent à Dunkerque onze
navires anglais et neuf cents prisonniers ; et
si l'amiral Loocke eut des succès, les Français
en furent amplement dédommagés par les
prises que fit le comte de *Forbin*, et par
les expéditions des flibustiers : après la perte de
la bataille d'Almanza, aucun vaisseau ennemi
ne put arriver en Portugal ; les Anglais épouvantés accusèrent le duc de Malborough, et
desirèrent la paix.

On fut forcé d'accabler le peuple d'impôts
nouveaux, sous les dénominations de capita-
tion, sous pour livre, dixième.

On fit encore la sottise de vouloir ramener en Irlande le fils de Jacques II.

Louis, affaissé par l'âge, et n'ayant plus
autour de lui les compagnons de sa gloire,
se livra à des négociations pusillanimes. On
osa faire des propositions honteuses ; heureusement les armateurs fatiguèrent avec tant
d'acharnement le commerce anglais, que le
peuple désavoua ses ministres.

La famine désola la France.

Colbert n'existoit plus, et la nullité des
dernières années du règne de Louis XIV prouva
assez qu'auparavant Colbert avoit tout fait.

1708.

1709.

G 4

Les armateurs portèrent aux hôtels des monnoies pour plus de 3o millions de piastres, fruit de leur commerce dans les ports de la mer du Sud.

Duguay-Trouin avoit employé le temps de la paix à son instruction : la guerre recommença; *Duguay-Trouin* commanda des vaisseaux armés en course : la lâcheté de quelques officiers, dont il ne put obtenir la destitution, l'avoit déterminé à renoncer lui-même au service; on le détourna de ce projet. Dans le même temps il eut la douleur de voir arriver à Brest son plus jeune frère couvert de blessures, et terminant trop tôt une vie utile à son pays. Ce nouveau chagrin ne fut jamais calmé; il fut peut-être la cause de ce désespoir qu'il montra depuis, toutes les fois qu'il crut saisir l'occasion de se débarrasser honorablement d'une vie traversée par tant de peines.

En 1707, commandant plusieurs vaisseaux, sa conduite fut si bien imitée par les officiers et les matelots, qu'il est impossible de raconter tout ce qu'ils firent d'héroïque.

Un contre-maître, sauté le premier à bord du *Cumberland*, étoit parvenu au pavillon de poupe, en coupoit la drisse, lorsqu'il aperçut quatre Anglais se traînant sur le ventre pour ne pas être vus, et venant à lui; ne concevant aucun moyen d'enlever le pavillon, il le jeta à la mer, s'y précipita lui-même, et parvint à conduire le pavillon dans l'eau jusqu'à une chaloupe qui le ramena à bord de *l'Achille*.

Duguay-Trouin, dont la bonne conduite assuroit le trône d'Espagne, obtint une pension; il répondit au ministre qu'il la refusoit parce qu'il la croyoit plus due à son capitaine en second, qui avoit eu la cuisse emportée. Il se rendit à la cour, et au lieu d'intriguer pour lui, il rendit au roi un compte si avantageux de la conduite de ses camarades, il mit dans son récit tant de chaleur et d'intérêt, que tous obtinrent de l'avancement et des récompenses. Louis XIV donna des lettres de noblesse à Duguay-Trouin et à son frère aîné, ancien consul en Espagne. Le roi disoit dans ses lettres : « Ils ont, par leurs » soins, par leurs propres biens et par leur » crédit, tenu en mer des escadres consi-» dérables, tant pour le commerce que pour » faire la guerre aux ennemis. Duguay-Trouin, » depuis qu'il s'est adonné à la marine, a » pris plus de trois cents navires marchands

» ou corsaires, et plus de vingt vaisseaux de
» guerre. » Il leur fut permis de porter dans
leurs armes deux fleurs-de-lis , et de mettre
au cimier pour devise : *Dedit haec insignia virtus.*

Notre marine alors étoit si déchue de sa
splendeur , que le gouvernement étoit réduit
à supporter l'injure faite par les Portugais aux
Français, dans la personne du capitaine *Leclerc.*
Après avoir échoué dans une tentative faite
sur *Rio-Janéiro* , s'étant rendu à composition ,
il avoit été lâchement assassiné, lui et les
chirurgiens auxquels on avoit permis de des-
cendre des vaisseaux pour panser les blessés ;
on avoit laissé les blessés périr de misère.

Duguay-Trouin, indigné de tant de foiblesse,
réchauffe dans l'ame de ses anciens compagnons , des braves négocians , le sentiment
de l'amour de la patrie ; au nom de l'honneur national , blessé par les Portugais , il
éveille le desir de la vengeance. Le gouvernement lui abandonne tous les vaisseaux ; les
négocians lui offrent pour les armer toutes
leurs fortunes. L'Angleterre et la Hollande,
qui ignorent où il va frapper , frémissent
au bruit de ce grand armement , confié à
l'homme qu'ils redoutent le plus. Ils accou-
rent pour bloquer nos ports ; *Duguay-Trouin*

est déja sorti de la Rochelle, et cette ville de *Rio-Janéiro*, cette ville défendue par la mer, par des vaisseaux, par des forts, par des retranchemens, par des camps, par des batteries dont les feux se croisoient, par un renfort de douze mille hommes accourus à la nouvelle d'une attaque, cette ville, qui avoit violé les lois de la guerre et celles de l'humanité, est punie par Duguay-Trouin. Après une résistance vaine tout fuit devant les Français : les Portugais sont cachés dans les bois. *Duguay-Trouin* déclare au gouverneur que s'il ne s'empresse de racheter leur ville, il en sapera jusqu'aux fondemens ; et aussi-tôt il fait mettre le feu. Les Portugais paient six cent dix mille creuzades (la creuzade vaut deux francs). Cette contribution, réunie aux riches marchandises dont on chargea les vaisseaux, produisit un tel avantage, que malgré les pertes résultantes du pillage des troupes et de l'infidélité de plusieurs dépositaires, cette expédition rapporta aux intéressés quatre-vingt-douze pour cent.

Le Gouvernement cessa de prodiguer ses encouragemens aux armateurs ; un réglement du 16 décembre 1691 retira plusieurs des avantages accordés ; la course, non encouragée, fut abandonnée; le coup qui la frappoit fut mortel aussi pour la marine de l'État. Il n'est pas indifférent d'observer la croissance ou la décroissance de la course, gradué sur les lois maritimes favorables ou désastreuses, et communiquant toujours son mouvement à la marine nationale.

Une dernière ordonnance, du premier juillet 1709, rendit, mais trop tard, une partie des avantages supprimés : le roi renonça encore une fois à sa part dans les prises.

1710.

Une lettre au comte de Toulouse rappelle l'article VIII du réglement de Strasbourg, qui ordonne qu'en paix comme en guerre, les deux tiers de l'équipage soient des matelots français.

Une ordonnance du 17 mars 1796, pour prévenir la violation de la foi publique que pouvoient se permettre quelques corsaires en tirant le coup de semonce ou d'assurance sous pavillon étranger, pour se faire attaquer et déclarer la capture bonne, ordonne, sous des peines sévères, d'arborer le pavillon français avant de tirer le coup de semonce. L'ordonnance de 1700 déterminoit les cas où ces prises sont bonnes : ce sont les vaisseaux qui, lors de la visite, ne présentent pas une commission, congé ou passeport, ou dont le capitaine n'est pas en terme de pouvoir s'en servir, eu égard aux temps, aux lieux et aux objets pour lesquels il a été accordé ; ou lorsqu'il y a contravention, ou lorsque le délai est expiré, en combattant sous un autre pavillon que celui de l'État dont il a la commission, ou ayant commission de deux différens États : hors de ces cas, la même ordonnance condamne le capteur aux dommages-intérêts, et en cas de récidive, à une peine corporelle.

Pour obvier à la simulation de la neutralité, et empêcher de masquer les pavillons et les chargemens, l'article VI de l'ordonnance déclare de bonne prise les vaisseaux, avec leur chargement, dans lesquels il ne sera trouvé charte-parties, connoissemens ni factures.

L'ordonnance du 23 juillet 1704 détermine tout ce que l'on doit observer pour ne point troubler les neutres, et leur assurer tous les avantages du commerce.

L'article VII de l'ordonnance rend ennemis la cargaison et le vaisseau toutes les fois que l'on y trouve des marchandises appartenant à une puissance en guerre.

L'Angleterre, peu soucieuse des intérêts de ses alliés, mais toujours occupée de son commerce, se bornoit à demander qu'on le lui assurât en Espagne, dans la Méditerranée et aux Indes. Ses alliés, après avoir été battus par le brave *Cassart*, ne tardèrent pas à signer le fameux traité d'Utrecht.

Après le traité d'Utrecht les Anglais en demandèrent un de commerce, mais le projet en fut rejetté par un bill du parlement.

Depuis 1688 jusqu'en 1713, la guerre désola notre patrie.

Une des causes des succès du gouvernement se trouve dans sa durée; elle fut de soixante-treize ans; il eut tout le temps de concevoir et d'exécuter.

Louis XIV, en mourant, laissa un déficit de quatre millions cinq cent mille liv. Cet excès de dépense ne provenoit point des institutions et des établissemens utiles qu'ils créa, mais seulement de la diminution des revenus, qui ne balançoient plus les dépenses; et cette cessation de bénéfices, on en trouve la cause dans la cessation des encouragemens donnés à la marine et au commerce.

Si un particulier augmente sa fortune en diminuant ses besoins, il n'en est pas ainsi d'un Gouvernement : l'État a des besoins dont la gloire et la sûreté de la nation commandent de ne rien supprimer ; il faut donc pourvoir à assurer ces services essentiels. Les impôts sur le sol et sur les consommations sont nécessairement bornés ; il faut d'autres ressources ; le commerce les présente, ces ressources, et la preuve de cette assertion existe et dans la splendeur de la France protégeant son commerce, et dans son avilissement alors que le commerce n'est plus honoré.

Le duc d'Orléans se fit nommer régent.

La déclaration du roi qui confirmoit tout ce qui avoit rapport à la régence créoit six conseils particuliers, dont, par une bizarrerie digne d'un enfant roi, le premier étoit celui de religion, et celui du commerce étoit le dernier.

Une chambre ardente, créée pour réviser les fortunes des comptables, enrichit les juges corrompus sans rien diminuer de la misère publique.

Les pirates qui s'étoient réunis à Madagascar, brigands qui portoient par-tout la terreur et la dévastation, héros s'ils eussent combattu pour une meilleure cause, offri-

rent au baron de *Goerts*, ministre de Charles XII, de secourir la Suède, et leur offre
eût été accueillie si l'Espagne n'en avoit fait
de plus avantageuses.

Dufresne, capitaine de la compagnie des
Indes, s'étoit emparé de l'Ile-de-France, et
lui avoit donné son nom. Elle avoit été
découverte par les Portugais, et occupée par
les Hollandais.

La Bourdonnaie perfectionna cet établissement qui, avant lui, avoit toujours été lan-
guissant.

Le gouvernement s'étoit emparé de la
traite des nègres : il l'exerçoit par les compagnies qui recevoient de lui l'horrible privilège d'acheter et de vendre des hommes,
d'arracher des malheureux à la terre où
reposoient les ossemens de leurs pères libres,
pour les mener expirer dans l'esclavage sur
une terre étrangère.

1716. La compagnie des Indes occidentales, celle
du Sénégal, celle de Guinée se succédèrent,
et après elles, en 1716, chaque armateur eut
la liberté de l'ôter aux autres.

Un arrêt du conseil du 27 septembre 1720
rétablit une compagnie, et la réunit à celle
des Indes orientales qui avoit été conservée.

Pierre Alexiowits vint puiser en France les principes de civilisation qu'il reporta dans ses états. *1717.*

Nos colonies durent leur abondance et leur splendeur à la réforme dans la législation maritime, à la suppression de plusieurs droits onéreux.

Les extravagances des vendeurs des richesses du Mississipi faillirent tout bouleverser.

Marseille, déja affoiblie par *Jacques Cœur*, qui avoit porté à Montpellier une partie de ses ressources, fut désolée par cette horrible peste qui moissonna hommes, enfans, vieillards, et menaça la France toute entière d'une destruction générale. *1720.*

Le systême de Law bouleversa toutes les idées reçues.

L'Empire Ottoman nous envoya un ambassadeur extraordinaire. *1721.*

Les caféyers furent plantés à la Martinique. *1726.*

La liaison des opérations de la compagnie des Indes occidentales, avec le systême de *Law*, avoit dû la priver de tout succès en Asie comme en France. *1730.*

Dupleix la raviva en 1730, et bientôt il en devint le chef.

H

La cause de la première guerre fut étrangère à la nation, elle prenoit sa cause dans un intérêt de famille.

Avant cette guerre les armes d'Angleterre s'étoient réunies aux nôtres pour attaquer l'Espagne : elle avoit eu le double but de rompre l'alliance de famille et de nous occuper sur le continent.

Duguay-Trouin avoit trop vengé son pays et augmenté sa gloire pour ne pas être satisfait. Louis XIV, avant de mourir, l'avoit nommé chef d'escadre. Fatigué du mauvais état de la marine, plus fatigué de ses travaux, il se retira ; seulement il aidoit quelquefois de ses conseils le régent qui l'invitoit à lui en donner, et à lui dire librement son opinion sur les moyens de vivifier le commerce maritime. La mort du régent fit oublier les projets pour le commerce.

Les ministres de Louis XV n'osèrent pas le maltraiter, ils lui prodiguèrent même ce qu'on appeloit honneurs ; ils le firent commandeur de l'ordre de Saint-Louis et lieutenant-général des armées navales : mais il n'en existoit plus ; celle dont on lui donna le commandement dans la Méditerranée étoit destinée moins à combattre qu'à négocier.

Peu étonné des titres et des fastueuses récompenses qu'on lui avoit données, il finit sa vie entouré des amis de sa jeunesse et des compagnons de ses premiers travaux.

Vainqueur de l'Angleterre, du Portugal et de la Hollande, protecteur de l'Espagne, législateur de Indes, ennemi de l'esclavage, Dugay-Trouin voulut, mais vainement, faire cesser le trafic honteux des hommes.

Enfant du commerce, commerçant lui-même, après avoir montré avec courage à ses contemporains la pratique de son art, il a laissé des mémoires où il en enseigne la théorie aux marins de tous les âges avec non moins de talent.

La Bourdonnaie avoit gouverné en 1735 l'Ile-Bourbon, colonie formée des débris des Français échappés aux coups des naturels de l'île de Madagascar.

Il vouloit faire de ces îles l'entrepôt du commerce des Européens en Asie.

La prospérité de la compagnie, les succès de Dupleix, le firent nommer gouverneur-général à Pondichery.

Ces succès disparurent lorsque l'on fut parvenu à allumer cette guerre générale pour la succession à l'Empire. Tandis que les uns prenoient parti pour la reine de Hongrie, les autres pour l'électeur de Baviere, l'Angleterre jouant sagement le rôle de médiatrice, établissoit son commerce sur la ruine de ses voisins ; et quand ils se furent lassés les uns les autres, elle prit part à la querelle et livra aux Français cette célèbre bataille près le village d'Estingen, où étoient venus le roi d'Angleterre et le duc de Cumberland.

Leur électorat d'Hanovre servoit de prétexte à la part qu'ils prirent à cette guerre des alliés ; et ils furent, pour ne pas troubler leur commerce, en porter le théâtre loin de chez eux : mais l'astuce à la guerre ne suffit pas pour vaincre ; ils éprouvèrent la valeur française, et sous les murs de Tournai, et dans les plaines de Fontenoi.

En Italie ils avoient fait attaquer et prendre Gènes par les Autrichiens : Gènes méritoit leur haine et excitoit leur jalousie par la prospérité de son commerce ; mais des hommes livrés aux grandes spéculations ont l'ame élevée, ils ne supportent pas patiemment l'esclavage. Un officier autrichien frappa de sa canne un négociant génois ; aussitôt tous les Génois, indignés de cette brutalité, firent main-basse sur les Autrichiens, les chassèrent de leur ville, et les poursuivirent loin de leurs murs.

Les Anglais furent bientôt rappelés chez eux par la diversion qu'essaya le fils de Jacques II, Charles-Edouard. Malgré qu'il eût du courage et quelques vertus, ce prétendant prouva, par sa défaite dans les montagnes d'Inverness, qu'un trône perdu ne se reconquiert jamais.

A peine Louis XV remplaçoit son aïeul au gouvernement, les traités et les pactes de famille ne furent pas assez forts pour maintenir la paix.

Un intérêt de famille, le desir de faire le beau-père de Louis XV roi de Pologne, nous avoit brouillés avec les Russes, tant les intérêts des familles gouvernantes sont funestes aux nations : une flotte ridicule, comparée à celle qui, sous Louis XIV, parcouroit les mers, fut envoyée à Dantzick. L'impératrice Anne ne tira pas parti de tout son avantage : mais la manie de faire des rois, qui dans le même siècle nous avoit attiré des guerres pour Jacques II et Jacques III, des guerres pour Charles V, des guerres pour Stanislas, cette manie porta les ministres à faire *Albert* empereur : et cette faute ternit tout le bien qu'avoit pu faire au commerce le cardinal de Fleury.

L'ignorance de l'administration maritime fut moins funeste encore que son injustice envers quelques marins : *Cassard*, prisonnier d'État, après avoir alimenté et défendu son pays, n'étoit pas un exemple propre à échauffer l'imagination, et enflammer le cœur de ceux qui suivoient la même carrière.

Victime des injustices royales, Cassard ne fut point célébré par les historiens, soit qu'ils craignissent des coups d'autorité, soit que le vrai mérite ait peu d'éclat : ils n'ont presque rien dit de cet homme dont les talens honorèrent sa patrie, et serviront d'exemple à ceux qui suivront la même carrière. Ils ne jetèrent aucune fleur sur la tombe de l'intrépide et trop malheureux *Cassard*, de cet homme dont *Dugay-Trouin* disoit : « *Je » donnerois toutes les actions de ma vie pour une » des siennes.* »

Fils d'un marchand de Nantes, *Cassard* fut long-temps officier de corsaire, l'un des meilleurs pilotes et le plus courageux de son temps; on le voyoit, tantôt au gouvernail, tantôt à l'abordage, toujours, et par-tout, le plus brave et le plus instruit. On le vit, chargé du bombardement de Carthagène, étonner même les flibustiers. Il enrichit le commerce de Nantes, qui arma pour lui un vaisseau. Louis XIV honora la marine royale en y appelant *Cassard*: ce fut lui qui, dans cet hiver si froid de 1709, monté sur l'*Éclatant*, escorta les subsistances que les Turcs, alors nos amis, nous envoyoient; et les côtes de la Barbarie furent témoins des exploits de *Cassard*, lorsqu'attaqué par une flotte anglaise, seul, il sut résister et vaincre. Quand, après la bataille, il entra dans Utique, les Africains, témoins de son combat, imaginant que celui qui faisoit ces prodiges étoit plus qu'un homme, l'attendoient à genoux sur le rivage, et lui tendoient les bras... Et le héros que les Maures et les Turcs avoient surnommé *Grand*, *Cassard*, à son retour à Marseille, éprouva des magistrats le refus des avances faites par lui pour approvisionner leur place.

Irrité, non sans raison, il prit la vie en haine et les hommes en horreur: toutes ses actions décéloient alors le noir chagrin qui le dévoroit.

Toutefois le mépris des hommes n'étouffa pas dans son cœur la soif d'être utile. Une

seconde flotte revenoit de la Barbarie, char-
gée de bled ; les Anglais croisoient sur nos
côtes : on a recours à *Cassard*, qui se trouvoit à Toulon ; il sort avec huit vaisseaux.
Son intrépidité résiste à tout, et dans ce combat la philosophie eut encore à s'indigner des
folies humaines ; il est maître du *Pembrock* : le
commandant anglais, forcé d'amener, refuse
de se rendre jusqu'à ce qu'on envoie à son
bord un officier noble. Chargé des travaux
du port de Toulon, il montra toutes les
connoissances d'un habile ingénieur. En Afrique, commandant en chef l'attaque des colonies portugaises, il se montra excellent
officier de terre.

Il attaqua en Amérique les ennemis de la
France, en 1712, avec un succès que l'on
ne devoit pas en attendre. Il montra dans
la distribution des dépouilles un désinté-
ressement au-dessus de tout éloge.

A la Guiane, en 1713, il prit Surinam :
il enleva encore aux Hollandais Saint-Eustache, et les força à demander la paix, qui
fut signée à Utrecht. La paix le réduisit à une
inaction qui ne convenoit pas à son bouillant courage. Peu propre à solliciter les récompenses qu'il avoit si bien méritées, *Cassard*,

après avoir remis au trésor public plus de dix millions de dépouilles des Hollandais et des Portugais, *Cassard* étoit réduit, pour vivre, aux secours de sa famille. Les inutiles de la cour, étonnés de voir *Duguay-Trouin* le presser dans ses bras et lui prodiguer des témoignages de tendresse et de respect, lui demandoient quel étoit cet homme ? « *Cet homme*, répondit » Duguay-Trouin, *cet homme n'est pas connu* » *ici ; mais il est redouté chez les Anglais, chez* » *les Portugais, chez les Hollandais. Il a ravagé* » *leurs possessions eu Afrique et en Amérique ;* » *avec un seul vaisseau il faisoit plus que nous* » *avec une escadre entière.* »

Las de se plaindre, dédaignant de demander justice à des pouvoirs corrompus, *Cassard* éclata avec tous les transports d'une ame fière et peu disposée aux ménagemens.

Enfin, au lieu des remboursemens qu'il reclamoit de la ville de Marseille, on lui offrit des pensions. « Non, dit-il, non, je demande » et j'ai droit d'exiger le remboursement de » trois millions que j'ai avancés : je ne veux » pas que pour me payer on me donne les » dépouilles du peuple. »

Les temporisations de *Fleury* irritoient l'impatience de *Cassard* ; et quand le cardinal ministre voulut le calmer par de trompeuses espérances, *Cassard* s'emporta avec tant d'aigreur que le ministre, offensé, lança contre lui un de ces ordres qui prouvent l'abus du pouvoir, la lâcheté de ceux qui en font un tel usage, mais non les torts des hommes courageux, victimes de leur simplesse et de leur loyauté. *Cassard* fut traîné au château de *Ham*; et là mourut dans la douleur et le désespoir un héros que soixante ans de services auroient dû garantir des outrages d'un vieux courtisan, et faire honorer dans un État que son bras défendit tant de fois.

J'ai aussi gémi dans cet affreux château de *Ham*; j'ai vu aussi se lever derrière moi ce pont-levis qui me séparoit de tout; j'ai erré sous ces vastes tours, dans ces fosses profondes où des malheureux furent ensevelis vivans. J'ai vu les débris des oubliettes, instrument atroce, raffinement de barbarie, imaginé par des hommes pour détruire des hommes. J'ai versé des pleurs sur la tombe de *Cassard*.... Ah! puissé-je être le dernier exemple des crimes d'état! puissent bientôt ces murs renversés n'écraser sous leurs débris que les ordonnateurs et les exécuteurs d'ordres arbitraires! Cette place de Ham étoit,

avant la guerre, de troisième ligne ; le recu-
lement de nos frontières l'a retirée de toute
ligne de défense ; ce n'est donc plus qu'une
prison d'État... Malheur aux républiques qui
tolèrent de semblables établissemens !

Ce cardinal , qui avoit enfin cherché à raviver
le commerce , avoit eu la maladresse de ne
pas lier à l'idée de son utilité celle de la nécessité d'entretenir la marine, son auxiliaire.
C'est à cette imprévoyance qu'il faut attribuer le peu de succès des tentatives faites par
la France réunie à l'Espagne pour rétablir
Charles Édouard en Angleterre.

Gênes aussi implora le secours des Français
pour résister aux Autrichiens : et ce prétendant , ce chevalier de Saint-George auroit
vainement compté sur l'appui de la cour, si
des négocians de Nantes n'avoient fait toutes
les dépenses de l'armement des vaisseaux qui
le portèrent en Irlande. Ils prirent Édimbourg.
Lally commandoit les Français. Il conjura
le gouvernement de lui envoyer encore quelques corsaires. C'en étoit fait de l'Angleterre,
si la marine de France n'eût pas été hors
d'état de profiter de la détresse des Anglais ;
et quand après la perte de la bataille de Cu-
loden, le prétendant, poursuivi par le duc

1747.

de *Cumberland*, fut obligé de se cacher à *Avizaig*, ce fut encore des corsaires français qui le recueillirent et le ramenèrent à Saint-Pol-de-Léon.

La France, victorieuse à Lawfeld et partout, ne pouvoit résister en Amérique et en Asie à quelques marchands anglois qui armèrent une flotte pour prendre Louisbourg ; la marine de France, trop foible pour s'y opposer, montra cependant ce qu'elle auroit fait, sans l'inertie de son gouvernement. Un convoi de quatre-vingt voiles, revenant de l'Amérique, résiste à une escadre anglaise, et ramène à Saint-Domingue plus de soixante voiles ; et quand l'amiral *Oraren* attaqua notre flotte à ce fameux combat du Finistère, il combattoit avec dix-sept vaisseaux contre six.

Il fut un moment où notre marine étoit réduite à deux vaisseaux de guerre en état de tenir la mer.

Cependant on déclara la guerre au roi Georges. Alors, mais trop tard, on reconnut combien étoit coupable le gouvernement qui négligeoit la marine.

Le commerce vint au secours de l'État ; on trouva quelques ressources dans la compagnie des Indes, dans les talens de *la Bour-*

donnaie, dans le génie du célèbre *Dupleix*. *La Bourdonnaie* fit le siége de Madrass, il arbora sur les murs et sur les bâtimens du port les drapeaux français; et pour récompense de ses services dans l'Inde, il fut, à son retour, renfermé trois ans à la Bastille.

Ce fut à son zèle actif que les Français durent de résister à Pondichery, au fort Saint-David et à l'île Maurice.

Un réglement du 2 juin 1747 donna aux Invalides les parts non reclamées dans les prises faites par les bâtimens armés en course.

Une déclaration du roi, donnée à Versailles le 5 mars 1748, prononça la suspension du droit du dixième attribué à l'amiral et en affranchit toutes les prises faites par les bâtimens armés en course. Ce droit fut supprimé à perpétuité en 1758.

Cependant les alliés battus à Lawffeld perdirent Bergopzoom, Maestricht, Furne et se virent forcés d'accéder à la paix d'Aix-la-Chapelle.

Au sein de la paix, et pendant qu'on s'occupoit à régler les limites de nos possessions dans l'Acadie, les Anglais tramoient la ruine de nos colonies. Il fallut les battre sur l'Ohio et dans le Canada. Quelques Indiens réunis à une poignée de Français qu'ils aimoient, chassèrent quinze mille Anglais.

Le vaisseau l'*Espérance*, de vingt - quatre canons, fut attaqué par toute l'escadre de l'amiral Walt, réunie à l'*Oxford*, de soixante-quatorze canons : seul, le Français résista long-temps, et ne se rendit qu'au moment où le bâtiment tout criblé abandonnoit à la mer tant de braves gens.

1756. On sentit les maux que causoit l'incurie du cardinal de *Fleury*. Ces maux étoient irré-parables. Vainement on ordonna l'armement de trois escadres, les Français furent réduits à suppléer par leur courage à l'imprévoyance du gouvernement.

Alors, mais trop tard, tous nos chantiers furent en très-grande activité ; on répara nos ports, on tenta d'en construire un nouveau sur la Manche.

Une escadre de dix vaisseaux de guerre sortit de celui de Toulon. Ils descendirent à l'île de Minorque. L'amiral Bing fut se-courir Mahon. Dire que les Anglais cette fois n'étoient qu'à forces égales, c'est dire qu'ils furent complétement battus : mais, furieux de voir la marine française reprendre sa splen-deur, et ne sachant comment se venger de leur défaite, ils en accusèrent le malheureux amiral *Bing*.

Ces premiers succès donnèrent au gouvernement la conviction de la nécessité d'attacher ses regards sur cette partie de la force publique. La marine française fut enfin respectée.

Les préparatifs en Angleterre forcèrent de mettre nos côtes en état de défense.

Au courage habituel des Français se joignit l'enthousiasme des succès maritimes. A l'île de Rhé, cent vingt femmes, vêtues en uniforme et armées, se présentèrent pour combattre. A la Rochelle, à Rochefort, les habitans de tout âge travailloient aux fortifications. On y montre encore la batterie des enfans.

Ces immenses armemens des Anglais n'eurent d'autre effet qu'une descente à Cancale, d'où ils se disposèrent à attaquer Saint-Malo; car c'étoit toujours cette ville qui leur déplaisoit davantage, parce que ses armateurs les désoloient toujours. Tous les Malouins furent soldats pour les combattre, et par de vigoureuses sorties ils forcèrent les Anglais à regagner leurs vaisseaux.

Ils firent une autre descente à Cherbourg,

dévastèrent les campagnes, et enlevèrent des familles entières de matelots, qu'ils transportèrent en Angleterre.

Tous ceux qui descendirent encore en Bretagne furent exterminés.

On vit de tous nos ports sortir nos intrépides marchands qui s'étoient empressés d'offrir à la patrie leur sang et leur fortune.

L'escadre de la Méditerranée s'empara de Mahon, et prit le port Saint-Philippe.

Sur l'Océan, un vaisseau de 56 canons et une frégate de 30 furent mis hors de combat par les frégates françaises *l'Aquilon* de 40 canons et *la Fidèle* de 24.

Le général Montcalm au Canada enleva aux Anglais leurs forts, leurs vaisseaux et leurs munitions.

Les Anglais, inquiets de ces succès inattendus, nous suscitèrent sur le continent de nouveaux ennemis. Il fallut secourir l'électeur de Saxe ; les Anglais ne voulant pas convenir de notre supériorité, aimèrent mieux rejeter leur défaite sur la trahison de leur chef, et malgré qu'un conseil de guerre eût justifié la valeur et la fidélité de l'amiral Bing, le malheureux porta sa tête sur un échafaud.

Cette exécution n'empêcha pas le duc de

Cumberland d'être battu la même année dans l'électorat d'Hanovre.

La déclaration du 15 mai 1756, en autorisant les officiers à monter les corsaires, ajoutoit, article II : « suivant les témoignages » qui nous seront rendus de la conduite des » officiers et volontaires qui serviront sur » les corsaires, nous les dispenserons d'une » ou même deux campagnes sur nos vais- » seaux, pour être reçus capitaines. »

La même déclaration accordoit aux matelots des corsaires blessés et aux veuves de ceux tués dans les combats les mêmes récompenses qu'aux autres gens de mer.

La déclaration de 1758 accorda des gratifications aux armateurs et à leurs équipages.

On trouve, dans l'article VI, la promesse faite par le roi, d'acheter à son compte, à la fin de la guerre, tous les bâtimens qui se trouveroient encore en état de service à la cessation de la course, par la paix ou par une suspension d'armes.

L'article VIII accordoit aux corsaires qui sortiroient des ports avec les vaisseaux de l'Etat, ou qui les joindroient en mer, part dans le produit des prises et dans les gratifications, par proportion, et relativement

1758.

I

au nombre de canons des corsaires, sans avoir
égard à la différence de calibre des canons,
à la grandeur des bâtimens, ni à la force
de leurs équipages.

Le nombre et la supériorité des vaisseaux
des Anglais leur donna quelques dédommagemens en Amérique. La mort du général
Montcalm découragea nos troupes : Quebec
et tout le Canada fut perdu. Ils se présentèrent devant la Martinique : les habitans,
commandés par le gouverneur *Beauharnois*,
taillèrent en pièces tout ce qui étoit descendu.
Dans l'Inde, le général *Lally*, secondé par
l'officier de mer d'*Aché*, s'empara de *Golconde*,
entra à *Pondichéry* avec presque toute l'armée
anglaise, prisonnière des Français. Les Anglais
aux abois employèrent un de ces moyens qui
ne sont familiers qu'à cette nation : au lieu
de les attaquer, ils jetèrent sur nos vaisseaux
des artifices qui en incendièrent plusieurs,
mais qui n'empêchèrent point les autres de
battre l'amiral *Poock*.

La France alors occupée sur le continent
fit rentrer ses flottes, et abandonna la mer à
ses vaillans corsaires qui, seuls dans ce moment, résistèrent à toutes les forces anglaises.

Lally, maître de Madrass, mais ne recevant aucun appui de la marine royale, fut battu et amené prisonnier à Londres. Les ministres, pour couvrir leur imprévoyance, cherchèrent la cause de ce désastre dans les torts du général *Lally*.

A cette époque, six vaisseaux marchands sortis de Bordeaux, après avoir fait des prises, furent attaqués par cinq vaisseaux de guerre. Ils parvinrent à mettre à terre leurs canons, dressèrent une batterie, dont le feu fut si bien dirigé qu'ils coulèrent à fond un des vaisseaux anglais : ils mirent ensuite leur cargaison à terre ; et pour que l'ennemi ne pût profiter de leurs vaisseaux et de leurs prises, ils y mirent le feu.

Minville, armateur dans le golfe Saint-Laurent, presque sous le canon du fort de Quebec, prit quatorze vaisseaux, en fit décharger les cargaisons dans la baie des *Chaleurs*, et mit le feu au quatorze vaisseaux et au sien.

Thurot, d'abord mousse à Boulogne, devint un des plus célèbres armateurs. Le roi lui avoit donné le commandement de cinq frégates destinées à une descente en Irlande. *Thurot* fut attaqué par la flotte anglaise, que commandoit *Elliot*; *Thurot* se défendit comme un général, et périt en héros. Il n'étoit encore âgé que de trente-cinq ans.

Kersaint conduisit dans les ports de France un nombreux convoi, après avoir traversé l'escadre anglaise.

Les corsaires inquiétèrent les Anglais. Ceux de Saint-Malo se distinguoient à leur ordinaire ; et à son ordinaire, l'Anglais fit une descente dans la baie de Cancale, se présenta devant St-Malo, fut repoussé, et se rembarqua.

Il fut nuitamment enlever quelques canons à Cherbourg ; et, enhardi par ce petit succès, il tenta d'entrer à *Saint-Brieux*, où quatre mille des siens furent tués ou noyés en courant précipitamment à leurs vaisseaux.

Montcalm, encore au Canada, avec six mille Français avoit battu vingt mille Anglais.

A la Martinique, les colons, sans troupes, avoient chassé les Anglais.

Néanmoins, bien que nous eussions partout l'avantage du courage, nous n'avions nulle part celui du nombre, et nous ne pûmes conserver ni le Canada ni nos possessions aux Indes orientales. A force de multiplier les descentes, ils s'emparèrent de la citadelle de Belle-Isle.

Les droits sur la fabrication des cuirs firent fermer des tanneries, ralentirent l'activité des autres, et donnèrent à l'Angleterre la supériorité dans cette branche d'industrie.

Ces malheurs électrisèrent les Français. Le commerce, qui déja avoit puissamment secondé notre marine, multiplia ses sacrifices. Les Etats du Languedoc avoient fait construire un vaisseau; chaque ville de commerce en offrit autant : tous les riches marchands contribuèrent à l'envi les uns des autres. Nous allions enfin avoir une marine, lorsque l'Anglais, qui redoutoit cet élan national, se pressa de faire la paix, paix toutefois honorable pour les deux peuples par des conditions avantageuses de part et d'autre.

Les bienfaits de ce traité s'étendirent aux autres puissances belligérantes. Le commerce de France profita peu de ce repos. Le chef de l'Etat, déja vieux, faisoit des ordonnances pour le clergé, s'occupoit de querelles religieuses, et se livroit à ses ennuis domestiques.

Les Espagnols, qui avoient trop long-temps demeuré spectateurs de cette guerre, perdirent la Havane et les îles Philippines.

La France cependant éprouva que, pour réussir sur mer, le courage et le dévouement des citoyens ne suffisent pas toujours.

C'est là plus qu'ailleurs que le temps de paix doit être tout entier employé aux préparatifs de guerre. La France et l'Espagne

1761.

I 3

traitèrent avec l'Angleterre ; mais les longs articles de ce traité, dont les préliminaires furent signés à Fontainebleau, sont un monument de la foiblesse des ressources diplomatiques quand elles ne sont pas basées sur des victoires.

1763.   La Grenade avoit été prise par les Anglais, elle leur appartient depuis.

On envoya dans nos colonies des malheureux, plus malheureux encore par cette déportation qui changeoit le lieu de leur tombeau sans utilité pour leur patrie.

1767.   On suspendit le privilége de la compagnie des Indes.

1770.   Le sort des îles de France et de Bourbon fut amélioré par les soins et les encouragemens de cet intendant agricole et vertueux, le savant *Poivre*. C'est à lui que l'on doit, dans ces contrées, la culture des épiceries.

1774.   Louis XV mourut : le dernier roi des Français parut céder aux progrès que faisoient faire à la science administrative les nombreux écrits des publicistes. *Turgot*, homme sage, fut appelé du fond du Limousin, où longtemps il avoit gémi sur les vexations auxquelles les laborieux cultivateurs de ce pays aride étoient en proie ; on le chargea de régir les finances de l'État.

Sartine fut appelé à la marine : étranger à cette administration, son arrivée y produisit le bien de rompre les intrigues, et de faire cesser les rivalités des gens du métier.

Les changemens faits à l'ordonnance de 1689 furent peut-être le fondement de luttes continuelles entre les officiers et les administrateurs de la marine. L'ordonnance de 1765, en amalgamant les attributions civiles et militaires, apportoit dans le commandement et dans l'administration une confusion funeste.

Sartine abandonna tout au régime militaire ; et malgré qu'ordinairement les formes militaires soient économiques, il n'en fut pas ainsi à la marine, où les dépenses furent en un moment triplées.

Le maréchal de *Castries* rétablit depuis la division du matériel et du personnel ; les officiers commandèrent, et les agens civils administrèrent.

La présence d'un philosophe à la cour devoit y amener des changemens ; on ne tarda pas à se ressentir des travaux de *Turgot* : la maison civile et militaire du roi éprouva des réformes et des suppressions que commandoient la situation des finances et l'excès du luxe de la cour.

1776.

I 4

Une plus sage répartition des secours et des travaux extirpa ou du moins diminua le vagabondage, et soulagea la mendicité. De nouveaux hôpitaux furent contruits ; le régime des prisons devint moins horrible ; les cerfs du Mont-Jura cessèrent d'être avilis ; la corvée n'arracha plus le cultivateur à sa moisson ; la conscription des citoyens, formés en corps de milice, fut proportionnée aux seuls besoins de l'État.

Turgot honora les arts et les sciences ; le commerce reçut des encouragemens, mais le commerce maritime sur-tout attira son attention. Long-temps intendant dans un pays privé des ressources des grands fleuves, il avoit su, par une excellente construction de routes percées dans des rochers, à travers les montagnes, attirer à Limoges les étrangers, faire de cette place un entrepôt des marchandises, particulièrement des épiceries, transportées du midi de la France au nord, et du nord au midi, et rendre les autres places tributaires d'une ville qui n'avoit pour elle que sa position, et l'infatigable activité de ses habitans.

Aussi-tôt qu'il put appliquer cette théorie à une plus vaste administration, ses premiers

regards se portèrent sur le commerce maritime. Des professeurs furent chargés d'ensei-
gner la science de la direction des eaux; et
en même temps que la construction navale
faisoit des progrès, la mer et les fleuves
fixés dans leurs lits par de fortes digues, les
inondations ne menaçoient plus la chaumière
du cultivateur. La navigation, encouragée à
l'extérieur et dans l'intérieur, multiplioit les
avantages du commerce : des ports dignes des
Romains, des chaussées dont le temps n'a pas
diminué la sûreté, attestent le desir qu'il eut
d'établir toutes les communications utiles au
commerce. Turgot permit, durant la paix,
la libre exportation des grains dans l'intérieur et à l'étranger.

Il abolit les corvées.

Tous les édits dont il fut rédacteur étoient
précédes de préambules qui montroient au
peuple la justice des demandes du gouvernement, et son respect pour la Nation.

Instruit que le gouvernement anglais pro-
tégeoit le voyage de Cook, il voulut associer celui de France aux succès de l'entreprise, en faisant donner à tous les bâtimens
de notre marine l'ordre de respecter celui
qui portoit cet illustre navigateur.

1775.

C'étoit ainsi qu'il nous préparoit à ne plus redouter les agressions de l'Angleterre : celle-ci s'empressa d'arrêter ces vastes entreprises ; elle suscita dans l'intérieur contre *Turgot* toutes les intrigues d'une cour qui commençoit à être dominée par les êtres les plus corrompus , et à l'extérieur elle nous livra la guerre.

Nos relations avec les Anglo-Américains s'étoient considérablement augmentées : elles furent bientôt telles que le gouvernement ne put refuser un traité de commerce et d'amitié aux insurgens de cette colonie anglaise.

Les colonies anglaises de l'Amérique septentrionale s'indignoient dès long-temps de la tyrannie de leur insolente métropole ; elles formèrent en 1775 une fédération générale ; elles jurèrent leur indépendance , et elles furent indépendantes. Elle combattirent comme on combat pour la liberté. L'armée anglaise toute entière et son général étoient restés prisonniers à Sarratoga, lorsqu'elles vinrent offrir et demander à la France ce traité d'amitié et de commerce. Il fut pour l'Angleterre le signal des combats. Heureusement nous ne les redoutions plus ; notre marine y étoit préparée. Ce n'étoit plus pour des intérêts des familles des rois que les Français alloient combattre ; ils alloient défendre la liberté de leurs alliés, et s'exercer à conquérir la leur. La frégate la *Belle-Poule*, attaquée par un vaisseau anglais, en présence de toute une escadre, fut victorieuse après cinq heures du combat le plus opiniâtre. Ce premier succès électrisa tous les cœurs : nos ports se remplirent d'armateurs ; et les dames françaises, partageant l'enthousiasme national, s'honorèrent de porter dans leur parure des signes qui pussent montrer à tous les yeux les emblêmes de la frégate victorieuse.

En même temps que toutes nos troupes, accourues sur les côtes, rangées depuis Dunkerque jusqu'à Nantes, faisoient craindre à ces insulaires une descente de toutes les forces françaises, les vaisseaux espagnols et français croisoient dans la Manche. L'amiral *Keppel*, forcé de faire rentrer sa flotte, ne pouvoit s'opposer à la prise de Minorque ; et nos escadres voguoient dans les deux Indes, où elles menaçoient le commerce des Anglais d'une destruction générale. Leurs établissemens du Sénégal et ceux d'Afrique apprennent à redouter la marine française : en Amérique, ils perdent la Dominique ; ils sont chassés de

Philadelphie, de Sainte-Lucie, de Saint-Vincent, de la Grenade, de Newyorck, de Saint-Eustache. Vainement leurs amiraux Howe et Byron s'étonnent des succès de notre marine, et de la foiblesse de la leur. Les Français avoient voulu devenir puissance maritime : les Français sont tout ce qu'ils veulent être.

Si la révolution des États-Unis n'amena point ces terribles crises et cette commotion destructive, inévitables effets d'une métamorphose sociale, il ne faut attribuer cette différence qu'à la différence de leurs anciennes institutions. Chez eux une caste privilégiée n'excitoit pas les ressentimens de toutes les autres, on jouissoit de l'égalité des droits, la liberté civile étoit respectée, les changemens à faire étoient hors d'eux, et en s'affranchissant de la domination anglaise tout étoit consommé.

Il faut que les Américains et les Anglais en conviennent : si les Français, au lieu de secourir loyalement les insurgés, s'étoient bornés à fomenter les troubles de cette colonie ; si, au lieu de faire livrer des combats qui épuisoient notre population, notre marine et nos finances, nous avions fait durer cette guerre, attisé les haines, fomenté les divisions, l'Angleterre et ses Colonies se seroient entre-déchirées : peut-être aujourd'hui, l'une et les autres aux abois, viendroient implorer notre intervention, et obéiroient à nos lois. Ces moyens étoient indignes des Français, et cependant l'Anglais les a tous employés durant notre révolution.

Quelques Français furent infidèles dans les fournitures demandées par les États-Unis, les États-Unis le furent dans les paiemens : les banqueroutes multipliées prouvèrent que les marchands Français avoient trop livré.

Le réglement de 1784 eut pour but de faire cesser les défiances réciproques, et de renouer le commerce.

Les États-Unis ont besoin de s'acquitter envers la France de plusieurs millions : l'acquittement de cette dette doit les intéresser d'autant plus que la cause en est plus sacrée; le sang et l'or furent prodigués pour la conquête de leur indépendance : leurs libérateurs pourroient-ils leur être moins chers que les tyrans dont ils secouèrent le joug ? Ceux qui leur parlent d'alliance avec leurs anciens maîtres, sont moins ennemis de la France qu'amis de l'Angleterre, et fauteurs de l'esclavage.

Les États-Unis sauront repousser ces suggestions perfides ; et si l'intérêt pouvoit s'opposer au mouvement de leur cœur qui les porte vers nous, leur intérêt n'est-il pas de se réunir ? Que gagneroient-ils à leurs relations commerciales avec l'Angleterre, qui, seule, veut exclusivement faire le commerce ? la France, au contraire, s'uniroit par un traité religieusement observé, et dont les premiers avantages seroient la facilité de nous payer en marchandises une dette trop au-dessus du peu de numéraire en circulation dans leurs États.

N'ont-ils pas vu les Français combattre avec eux et pour eux sur les bords de la Delaware ? leur pays peut devenir l'entrepôt de toutes les marchandises de l'Amérique septentrionale et de celles des Indes occidentales ; mais cela sera impossible tant que les Anglais voudront exclusivement tout faire.

Leur territoire est d'un million de milles carrés ou six cent quarante millions d'acres ; leur population, de presque quatre millions.

Les grains sont exportés par les bâtimens anglais dans les Indes, dans le Canada, dans la Nouvelle-Ecosse.

L'hydromel, les mûriers blancs, la térébenthine y sont abondans.

Nous leur donnerons les productions que leur sol leur refuse.

Ils nous rendront en échange le riz et le tabac qu'ils récoltent dans le Maryland, dans la Virginie, dans les deux Caroline et dans la Géorgie.

Américains, souvenez-vous de la générosité que mit la France dans ses négociations avec *Franklin*, à une époque où elle pouvoit tirer avantage de sa situation et de la vôtre. Voyez l'empressement que nous venons de mettre à resserrer ces liens formés dans l'enfance de notre République : soyons amis ; les matelots des ports de Plymouth, de New-Yorck, de Baltimore, de Charles-Town vous demandent de ne pas paralyser plus long-temps leur expérience et leur dévouement.

Dans la même guerre les Anglais eurent la preuve que, si, dans les combats, nous cherchons à assurer l'honneur national, et à prouver au gouvernement britannique que jamais la France ne subira son joug, au moins en défendant les droits de notre nation, nous ne méconnoissons pas ceux de l'humanité.

La frégate *la Surveillante*, commandée par

le brave *Couëdic*, en croisière à la hauteur de l'île d'Ouessant, fut attaquée par la frégate anglaise *le Québec*, la démonta, fut elle-même démontée ; et malgré que toutes deux se trouvassent hors d'état de manœuvrer, toutes deux continuèrent le combat avec un courage égal : les Français sautoient à l'abordage lorsque le vaisseau ennemi étant en feu, les Anglais crièrent : *Braves Français, nous périssons, retirez-vous, vous allez périr avec nous.* Aussitôt la frégate française s'éloigne, elle parvient à éteindre le feu qui avoit pris au beaupré. Tous les Français s'empressèrent de sauver les Anglais qui s'étoient jetés à la mer, et dont le vaisseau ne tarda pas à sauter. Les Anglais, justes cette fois, et voulant éterniser leur reconnoissance, frappèrent une médaille où l'on représente les Français courant avec leurs chaloupes au secours des Anglais qui flottoient sur les eaux.

1780. *Rodney* ne fut ni plus habile ni plus heureux que les autres amiraux ; aucun convoi ne put être sauvé. Tabago fut pris ; et tandis que les ports d'Angleterre ne voyoient rentrer que des vaisseaux fuyant ou battus, les nôtres pouvoient à peine contenir l'immensité de prises faites sur l'ennemi.

Aux Indes ses premiers succès avoient été suivis de désastres irréparables. *Hider-Ali* et les Indiens combattoient pour nous, tout étoit perdu pour les Anglais; ce n'étoit plus cet Anglais si fier du nombre de ses vaisseaux. Le sceptre des mers alloit à jamais être arraché à l'ambitieuse Albion mais alors que la force lui échappe, elle sait y suppléer par la corruption. Forcée de ne plus appésantir son bras de fer sur ses colons d'Amérique, elle reconnoît leur indépendance; mais ceux qui la leur assurèrent, les Français, seront d'éternels ennemis.

Le traité fait avec les États-Unis sembloit devoir s'étendre à leurs alliés; cependant la paix avec la France n'eut lieu que plus tard, et lorsque l'Angleterre fut réduite à l'impossibilité de continuer la guerre : encore par l'effet des intrigues et de la corruption de la cour, les Français, vainqueurs dans les combats, furent vaincus par la diplomatie. Quand donc notre diplomatie voudra-t-elle s'associer à tout ce que la nation fit de grand ? Il lui reste à parcourir une assez longue carrière, avant d'avoir rendu des services égaux à ceux que l'on doit à la guerre et à la marine.

Nos possessions au bord du Gange, sur

1782.

1783.

K

la côte de Coromandel, sur celle du Mala-
bar, étoient loin d'être intactes, plus loin
encore de conserver leur première splendeur:
au contraire, depuis la paix de 1783, rien
n'arrêta les succès de la Grande-Bretagne.

L'indépendance des États-Unis fut inutile
à la France, et ne devint point funeste à
l'Anglais : l'Anglais fut débarrassé des dépenses administratives de ses colonies, et le
commerce de France n'augmenta point ses
relations. Les Anglo-Américains continuèrent
de commercer avec leur ancienne métropole:
liés par d'anciennes relations qui rattachoient
chaque négociant à l'Angleterre où étoient
ses capitaux, l'intérêt particulier l'emporta
un moment sur l'intérêt national ; il l'emporta sur la reconnoissance qui devoit à
jamais lier les États-Unis à notre sort. L'on a
vu jusqu'où ce levier puissant de l'intérêt a
conduit quelques Américains ; aujourd'hui
l'intérêt, la raison, l'équité commandent
notre union : qui donc pourroit jamais la
dissoudre ?

Ce moment de repos ne fut pas perdu
pour notre navigation et notre commerce:
le port de Dunkerque, celui d'Agde, voisin
du cana. de Languedoc, furent réparés ; nos

vaisseaux sur la Manche n'avoient aucun lieu de retraite, on y construisit le port de *Cherbourg*.

Le génie de la marine, celui de terre, le corps des ponts-et-chaussées avoient envoyé pour cette construction les officiers les plus distingués : le général *Meunier*, bien jeune encore, quoique déja membre de l'académie des sciences, tué depuis si honorablement en défendant Cassel, avoit été choisi par le corps du génie militaire ; on dut à ses talens une partie des travaux de la rade : son zèle et sa probité produisirent la cessation des dilapidations qu'il avoit aperçues dans la partie administrative.

Il étoit à *Cherbourg* quand il fit cette application ingénieuse de la vaporification au désalement de l'eau de la mer, inappréciable avantage pour les voyages de long cours.

Les Anglais respectent les fours à rougir les boulets, qu'il fit construire, et ses affuts de côtes et de mer, précieux par la justesse et la facilité de leurs mouvemens.

Ses autres travaux appartiennent aux sciences et à l'histoire de la guerre de terre ; mais les témoins de ses veilles, les compagnons de sa gloire ne liront pas le nom de *Meunier* sans le couvrir de larmes. Lorsque durant le siége de Mayence un trompette arriva au camp ennemi, pour annoncer l'affreuse nouvelle de la mort de *Meunier* : « Il » m'a fait bien du mal, s'écria le roi de » Prusse ; mais l'univers n'avoit pas produit » un plus grand homme ».

Un nouveau traité de commerce fut conclu avec les Suédois. Ils obtinrent la cession de l'île Saint-Barthelemy.

Des édits excitèrent la traite des Noirs.

Une nouvelle compagnie obtint le privilège du commerce d'Asie.

La navigation de l'Escaut amenoit entre les Hollandois et les Autrichiens une rupture dont l'intervention de la France paralysa l'effet, en resserrant les liens qui nous unissoient.

Les raffineries de sucre furent protégées.

La diplomatie continuoit de s'appliquer à la ruine de la France, elle eut un succès trop marqué par le ridicule traité du comte de Vergennes : traité demandé et conclu par nos ministres, malgré l'expérience de Colbert qui l'avoit refusé en 1669, refus renouvellé en 1715.

Il porta au commerce un coup plus fatal que n'auroit pu faire la perte de cent batailles.

Le ministre *Vergennes* fut-il acheté par l'Angleterre, comme l'ont prétendu quelques publicistes ? Son âge et ses mœurs détruisent cette accusation. On aime d'ailleurs à trouver probe le vieillard qui répondit à la reine, quand elle lui disoit, *souvenez-vous, monsieur, que l'empereur est mon frère*, — *Madame, je n'oublierai pas non plus que le dauphin est votre fils.* Non, la corruption ne fut pas la cause de ce traité funeste. Pourquoi ne pas plutôt l'appercevoir cette cause dans l'ignorance absolue du commerce auquel tous nos diplomates grands seigneurs étoient étrangers, tandis que ceux des Anglais ne le négligeoient point ? M. *Eden* eut pour conseillers les négocians de Londres les plus célèbres : *Vergennes* fut travaillé par tous les intrigans de la cour. *Eden* devoit l'emporter sur *Vergennes.*

Le mal de ce traité fut un peu allégé par un autre avec les Russes qui pouvoient neutraliser dans le nord l'influence anglaise.

Tandis qu'au-dehors nos relations s'affoiblissoient, la complaisance de *Calonne* avoit dans l'intérieur livré à la cour tout le fruit

des sueurs du peuple ; l'assemblée des notables
convoquée à Versailles, gémissoit sur la situation déplorable de l'Etat ; elle étoit sans force,
sans mission , sans but pour empêcher l'accroissement des dépenses et des impôts.

Les ressources fiscales , l'impôt du timbre ,
les subventions territoriales , l'augmentation
des vingtièmes , les emprunts , toutes ces con-
vulsions d'un gouvernement expirant furent
sans effet ; à d'aussi grand maux il falloit
des remèdes plus grands. La philosophie avoit
tracé le chemin qu'il convenoit de suivre, on
le suivit.

Les causes et les effets de cette mémorable
commotion sont connus. Je n'ai à parler que
de leur influence sur le commerce maritime,
et des entraves qu'y apportèrent les Anglais.

1788.   Les ministres épouvantés de leur situation,
essayèrent de calmer le mécontentement général ; ils créèrent des administrations pro-
vinciales ; ils rendirent aux protestans leur
état civil. Ces moyens employés plutôt auroient réussi. On multiplia les grands bailliages,
une cour plénière fut créée. Necker enfin
revint au ministère. Il faut voir les ministres
tels qu'ils seront présentés à la postérité, et
certes la postérité liera au souvenir de la

convocation des états-généraux celui du bien-
fait de *Necker*, y admettant une représentation
plébéienne assez forte pour résister seule aux
entreprises des deux ordres privilégiés. Le commerce qui cherchoit dans la révolution, non
un changement de ministres, non un aliment
à des intrigues nouvelles, mais la suppression de
la féodalité qui l'opprimoit, le commerce bé-
nira l'homme qui accéléra le moment où l'égalité
dē droits fut consacrée dans l'Etat. La banqueroute et tous les maux financiers étoient des con-
séquences de l'ancien ordre de choses, il faut
en reporter la honte aux temps et aux hommes
que les monarchistes osent nous rappeler encore.

Depuis ce temps, nous avons traversé des
époques malheureuses ; des erreurs et des
crimes ont attristé les amis de la liberté : mais
ne devons - nous pas nous étonner qu'une
commotion si subite et si générale n'ait pas
brisé tous les liens de la société ? si notre
patrie survit à cette crise redoutable, si l'ordre
est sorti de ce chaos, si les lois sont obser-
vées, si les propriétés sont conservées, si on
respecte les citoyens, toutes ces choses ne
démontrent-elles pas qu'il a fallu que la masse
de cette nation si généreuse n'eût jamais perdu
ces sentimens de loyauté, de vertu qui lui

K

assignent le premier rang ? et si l'astuce anglaise a quelquefois placé les rènes de l'Etat
dans des mains infidèles, du moins les législateurs, les magistrats, les généraux qui, à
travers les dangers de cette longue révolution,
eurent le courage de s'asseoir au gouvernail,
1789. tous ces hommes ont bien peut-être au respect
et à la reconnoissance des nations autant de
droits que cette tourbe de lâches qui, cachés
aux jours du combat, sortent à présent de
leurs repaires, pour calomnier ceux dont
jamais ils ne partagèrent les périls, et leur
ravir les dépouilles qu'ils n'osèrent pas conquérir.

La transformation des états-généraux en
assemblée nationale, le courage de ses membres, le talent de ce *Mirabeau* qui répondit
à l'envoyé du roi : *allez dire à votre maître
que nous sommes ici par la volonté du peuple, et
que nous ne quitterons nos places que par la force
des baïonnettes* ; le dévouement de cette ville
de Paris, si cruellement maltraitée depuis,
l'armement des citoyens, la destruction de
la bastille, les troupes refusant de servir la
tyrannie, tous ces souvenirs commandent le
respect ; et si les oppresseurs du peuple frémissent à ce récit, s'ils veulent effacer des

actes d'héroïsme par des actions honteuses, qu'ils disent au moins que ces actions furent l'ouvrage de l'Anglais.

L'étranger se répandoit dans nos rangs, il excitoit les regrets des mécontens, il échauffoit les imaginations ardentes, il attisoit les haines. Désespérant de détruire un peuple si magnanime, il divisoit les Français, et les faisoit s'entredéchirer. Aux efforts de la vertu il opposoit ceux de l'ambition ; aux priviléges détruits, il essayoit de substituer les prétentions de quelques ambitieux. Il semoit l'inquiétude et la défiance, et l'inquiétude mortelle pour le commerce, nuisoit aux approvisionnemens, et montroit par-tout, au milieu de l'abondance, le spectre de la famine.

Vainement on décrète une contribution du quart de tous les revenus : les sangsues qui s'attachent encore au gouvernement dévorent tout. Les fonctionnaires civils et militaires nommés par le roi constitutionnel, ceux même qui avec lui avoient juré fidélité à ce nouveau pacte, se coalisent presque tous pour le renverser. Leurs folies perdent et le roi et eux. Tous fuient ou périssent, mais l'Anglais est encore là ; et quand la suppression de tous les droits indirects, si onéreux au commerce, devoit lui donner la plus grande activité, les troubles toujours renaissans empêchent de se livrer aux spéculations qui exigent paix et sûreté. Les conspirations se multiplient : à celles trop réelles que l'on avoit étouffées, en succèdent d'autres qui, chimériques, n'en avoient pas moins l'effet de perpétuer l'inquiétude. Les choses en étoient au point que déja l'on donnoit des fers aux soldats qui, sur la foi des décrets, demandoient des comptes à leurs conseils d'administration; et aux citoyens qui demandoient des lois, on donnoit la mort. Cet abus du pouvoir, dans un gouvernement nouvellement constitué, provoqua une deuxième crise plus violente que la première; la journée du 10 août suspendit pour un moment les fureurs des ennemis du peuple. Elles se renouvellèrent à une troisième époque, quand la Convention, qui avoit donné le signal des excès, prétendit punir les erreurs que ses lois commandoient sous peine de mort.

A ces trois époques, le commerce fut sans activité. La marine fut tout-à-fait abandonnée sous la première et sous la seconde. Les besoins de la guerre forcèrent à s'en occuper, mais on ne prit que des mesures incertaines et peu proportionnées aux grandes choses que l’on faisoit pour les armées de terre. Cette différence dans la conduite de ces deux portions de la force publique n’a d’autre cause que la différence dans les lois qui les organisent.

Certes, jamais on ne dut moins prévoir la guerre : ce seroit une question assez curieuse d’examiner s’il eût été plus utile à la coalition de maintenir la paix et de nous laisser nous agiter dans notre propre sein ? Mais sans raisonner sur ce qu’il eût convenu de faire, bornons-nous à observer si cette guerre fut équitable de la part des coalisés.

Aucune agression à l’extérieur n’avoit eu lieu, les relations diplomatiques n’étoient nulle part interrompues ; nulle puissance n’avoit d’offense à venger ; on ne demanda le redressement d’aucun tort. Ce furent donc les revolutions de l’intérieur qui attirèrent l’attention des coalisés ; mais pour qu’ils pussent avec quelque raison s’immiscer dans nos querelles, ne falloit-il pas qu’ils y fussent invités ou par la nation, ou par le roi? or la nation, unanime alors, opéroit elle-même ces changemens ; le roi y donnoit sa sanction : il manifestoit à toutes les cours, par ses ambassadeurs, sa détermination de maintenir de tous ses moyens la constitution qu'il avoit jurée. Le roi ne réclamoit donc point le secours de ses parens et de ses alliés, au moins ostensiblement. Si des instructions secrètes, si des lettres confidentielles ou des agens clandestinement accrédités démentoient cette manifestation, s'ils trahissoient la foi donnée, pourquoi nous révéler cet horrible secret? Ne seroit-ce pas nous prouver que la déchéance du roi qui sert de prétexte à la guerre fut juste, et que la guerre ne l'est pas? Coalisés, ou bien vous trompâtes le roi en simulant de le défendre, lorsque vous saviez qu'il ne se plaignoit pas et qu'il détestoit votre secours; ou bien vous fûtes alors les confidens de son infidélité, et aujourd'hui vous trompez l'Univers quand vous cherchez à le soulever contre un peuple qui a vengé son offense. Dans l'un et l'autre cas, vous ne croyez pas aux prétextes que vous alléguez pour nous combattre. Ce ne sont donc pas nos principes qui vous mettent les armes à la main, c'est notre patrie que vous voulez détruire pour vous la partager; tous, nous la défendrons.

En parcourant les événemens militaires qui se sont succédés depuis que cette division funeste des Anglais et des Français a rempli le

monde du bruit de leurs combats, il est facile de se former un résultat comparatif des
moyens employés de part et d'autre.

Si d'un côté l'on aperçoit une valeur non pareille, et de l'autre un injuste acharnement; là
aussi on voit incurie, et ici prévoyance. Il faut
en convenir; les succès de l'Anglais sont dus à
un plan maritime, bien conçu et constamment exécuté: l'absence d'un plan semblable a seul paralysé nos ressources et notre
courage. Tandis que Louis XIV, épuisé par
la guerre continentale et par l'excès de splendeur d'une cour devenue le quartier général
des rois de l'Univers, ne s'occupe de marine
qu'aux époques où un péril extrême y rappelle ses regards, l'Anglais marche à grands
pas dans son système d'envahissement du
commerce: un acte de navigation avoit été
conçu par la reine *Elisabeth*; *Cromwel* le pro-
clame. Leur Etat est bouleversé, le système
de leur gouvernement change plusieurs fois,
celui de leur marine est invariable: les fauteurs de tous les partis, les défenseurs des
opinions diverses et les hommes les plus opposés, malgré les continuelles fluctuations de
leur politique, se réunissent pour opprimer
les négocians de toutes les nations et enrichir

exclusivement les leurs. Chez nous comment traverse-t-on ces projets d'usurpation ? quels sont les plans de nos ministres ? Ils n'en ont aucun, ils se sont à peine aperçus qu'il en existoit un au cabinet de Saint-James.

Depuis la paix d'*Utrecht* jusqu'à la guerre de 1740, l'Angleterre profite de ce calme pour organiser sa marine. La France ne fait rien. *Walpole*, ministre à Londres, et son frère, ambassadeur à Paris, se concertent pour nous enlever nos relations commerciales ; nos ministres sont loin de songer à les conserver.

L'Angleterre fait faire des progrès à sa compagnie des Indes ; elle établit son autorité en Orient : nos ministres laissent détruire les institutions de *Colbert*.

Lord *Chatam* a l'adresse d'acquérir cette compagnie des Indes Orientales, dont la possession, si elle ne présente pas un moyen certain d'acquitter la dette nationale, donne au moins un crédit suffisant pour calmer les alarmes fondées des nombreux créanciers de l'Angleterre ; et chez nous nos ministres renoncent follement à l'administration du commerce ; la suppression de la compagnie des Indes brise une partie de nos relations.

Aussi tandis que les Français ont tant de peine à conserver leurs établissemens dans l'Inde, l'Angleterre renverse l'empire de Tipoo; elle érige en souveraine sa compagnie, devenue puissance territoriale; et les richesses de l'Orient paient en Europe ces honteux traités, ces coalitions impies qui paralysent la volonté de tout un peuple, font triompher le crime et avilissent l'humanité.

Durant les premières années de notre révolution, la marine étoit dans un tel abandon que si la guerre eût éclaté sur mer au même moment où elle fut déclarée sur le continent, c'en étoit fait de notre liberté. Des ministres du roi, forcés d'obtempérer aux ordres de la cour, prouvèrent, par leur courage à braver les disgraces, qu'ils étoient dignes de servir dans un meilleur temps; mais d'autres s'appliquèrent à désorganiser, à détruire tous nos moyens maritimes: les fonds destinés à ce service furent constamment détournés; on abandonna les constructions, on ne fit rien pour les approvisionnemens; les officiers reçurent des ministres des congés illimités; à l'aide de ces congés ils parcouroient l'Allemagne, se coalisoient avec nos ennemis, ou nous en suscitoient de nouveaux.

L'Assemblée législative voulut enfin connoître sur quels officiers elle pourroit comp-
ter ; elle ordonna que le 15 mars 1792 il seroit
passé une revue générale dans nos ports ; que
là, tous les marins seroient sommés de prêter
le serment de fidélité aux lois et à la liberté
nationale, et que ceux absens ou récalcitrans
ne seroient point compris dans l'organisation
de la marine.

Alors se manifesta l'opposition de ce corps
royal ; alors fut mise à jour la trahison des
ministres du roi : les officiers absens ne furent
point remplacés ; ceux dont la soumission
méritoit récompense ne reçurent point d'avancement.

La loi du 15 mai 1792, en ordonnant la
revue du 15 mars, désignoit cette époque pour
le terme où l'exécution des réglemens provi-
soires devoit cesser ; néanmoins les réglemens nouveaux n'étant pas faits, on ne savoit sur quelle base il falloit faire mouvoir
le corps de la marine, et les nouveaux officiers restoient forcément dans l'inaction la
plus absolue.

Les préventions souvent fondées contre les
ministres du roi, jettoient de la défaveur sur
toutes leurs propositions ; vainement ils les

multiplioient pour accélérer ou pour compléter l'organisation de leur département, on laissoit subsister les défectuosités dans le système général, et les ministres étoient dans l'impossibilité de suppléer à tout ce qui leur étoit refusé.

Si plusieurs des ministres du roi ne furent pas exempts de blâme, d'autres ont des droits à l'estime et à la reconnoissance publiques. *Fleurieu*, modeste et savant, fit la réputation de *Sartine*, et prépara dans le silence du cabinet nos succès dans la guerre d'Amérique. *Castries*, intègre et ferme, améliora l'administration. *Laluzerne*, philosophe et littérateur, commença la révolution ; le traducteur de *Xenophon* étoit digne de la continuer. Personne ne fut plus probe que *Thevenard*. *Lacoste* connoissoit parfaitement l'administration des colonies. D'autres encore eurent d'autres qualités : et pour ceux qui résistèrent aux progrès de la liberté, si leur conduite ne fut pas l'effet d'un cœur dur et ennemi du peuple, si elle ne fut produite que par un système politique que *Malhesherbes* aussi avoit adopté, loin de nous l'idée de les accuser ! en combattant leurs opinions, nous saurons honorer leurs vertus.

L

Rien n'est méprisable en politique que les variations; la lâcheté seule est vile. Ne retirons notre main qu'à ces hommes faux, à ces *Janus*, qui d'abord dans nos rangs, plus exagérés que tous, excitoient notre enthousiasme, nous poussoient vers la République, et voudroient aujourd'hui nous persuader qu'ils furent étrangers à son établissement.

Le mauvais état de notre marine fut une des causes de la destruction de nos colonies. L'assemblée constituante avoit décrété, le 10 octobre 1790, que le régime constitutionnel, ou tout autre régime particulier, ne seroit appliqué aux colonies que sur la demande des colons.

Ogé, après avoir combattu en brave, périt sur la roue.

La métropole n'envoyoit aucune instruction.

L'Anglais craignoit les effets de la liberté dans les siennes; il voulut nous en dégoûter nous-mêmes, en dévastant les nôtres. Les deux partis qui se combattoient à Saint-Domingue, les amis des noirs et les fauteurs de l'esclavage, étoient également odieux à l'Anglais, parce que tous étoient Français. L'histoire impartiale, en burinant les actes d'héroïsme des amis de la liberté, les malheurs que provoqua l'inutile résistance de ceux qui regrettoient un ordre de choses renversé par la faulx du temps et par la force de la raison; l'histoire, sans doute, apprendra aux générations combien sont à plaindre les peuples, alors que, divisés entre eux, ils ont la foiblesse de laisser l'étranger intervenir dans leurs querelles.

Le Cap étoit en feu; les colons signalés par leur opposition aux progrès de la liberté, ceux qui avoient des vengeances à redouter, et ceux aussi dont les regards ne pouvoient plus supporter cet horrible spectacle, les colons fuyoient vers le rivage; plusieurs, dans leurs vœux téméraires, appeloient l'Anglais. L'Anglais est par-tout où les Français sont divisés. Il croisoit sur ces parages, il se présente pour recevoir ces fugitifs. Mais cet asyle, aussi affreux pour un Français que le tombeau qu'ils fuyoient, cet asyle n'est offert qu'au prix de l'or. Il faut livrer tout ce que les flammes n'ont pas dévoré: ce que dans les horreurs de la guerre et des dévastations on a pu conserver encore, tout leur est livré. Vainement quelques malheureux à genoux sur le rivage, dans cette nuit que les flammes éclairoient ; quelques malheureux tendent les bras vers leurs vaisseaux, et arrosent la terre de leurs larmes : ils ne sont que malheureux ; ils n'ont pas d'or ; et placés entre les vaisseaux des Anglais qu'ils apprennent à maudire , et entre leurs propriétés qui ne leur présentent que cendres et destructions , il faut qu'ils expirent de douleur ou qu'ils cherchent la mort dans les combats.

Au lieu de s'entre-déchirer , pourquoi tous nos colons n'ont-ils pas profité de la leçon que leur donna le brave *Dugommier* , au temps où il commandoit à la Martinique ? On lui dut la conservation de la ville de St.-Pierre, alors l'entrepôt du commerce des Antilles.

Les Anglais , après y avoir formé deux partis, fomentoient encore des divisions dans celui qui combattoit pour la liberté.

Deux compagnies de chasseurs des régimens de la Martinique et de la Guadeloupe, à la suite de plusieurs querelles , résolurent de se battre l'une contre l'autre ; elles étoient rendues sur le terrein , lorsque l'on courut en donner avis à *Dugommier*. Le général étoit à dîner ; soudain il monte à cheval : il donne à son aide-de-camp l'ordre de se porter avec rapidité aux postes éloignés , sur

les hauteurs et dans le fort ; de commander par-tout que l'on fasse un feu roulant et
continuel de canon et de mousquetterie, et
de veiller à ce que le feu soit bien nourri,
jusqu'à ce que lui-même vienne le faire cesser. Il dit et court vers les compagnies,
les trouve en présence , s'enfonce sous la
voûte des sabres et des baïonnettes : *Camarades que faites-vous ? vous vous entr'é-
gorgez ! n'entendez-vous pas l'ennemi qui nous
attaque ? qu'on me suive à l'ennemi.* Au même
instant tous marchent du côté où le feu
ordonné se faisoit entendre ; et là , *Dugommier* n'eut pas de peine à se faire pardonner
son stratagême.

Pourquoi nos théâtres ne reproduisent-ils
pas sur la scène un trait si propre à nous
rendre meilleurs ?

Louer *Dugommier* , c'est louer l'honneur ,
le courage , l'humanité , le talent , toutes
les vertus ; il étoit bon , confiant , sensible,
généreux. L'étude et l'expérience avoient
élevé son génie , naturellement brillant , à un
degré supérieur à presque tous ceux de son
siècle. Son ame aimante et active brûloit
du desir de faire des heureux. On ne le
voyoit pas sans se sentir disposé à devenir

son ami. Sa taille élevée avoit les plus belles proportions ; sa figure , ses manières étoient martiales ; les cheveux blancs qui ornoient sa tête , faisoient ressortir davantage la vivacité de ses traits ; il ressembloit à ces volcans qui , tout couverts de neige et de frimas , lancent encore au loin des feux et des laves , et embrasent tout ce qui les entoure. Jamais homme n'inspira plus d'enthousiasme aux troupes ; l'officier lui obéissoit parce qu'il avoit la conviction de sa supériorité ; le soldat ne croyoit courir sous ses ordres aucun danger , parce qu'il avoit prouvé combien il savoit l'apprécier.

Il avoit éminemment les trois qualités nécessaires au généralat. L'aptitude à percevoir , celle à juger , et celle à se déterminer ; et cependant avec des qualités si rares il fut bien malheureux. Cruellement poursuivi par ce puissant parti des Planteurs , qui l'accusoient des maux qu'ils s'étoient eux-mêmes attirés , *Dugommier* languissoit à Paris sans activité. Jamais , sans l'établissement de la République , jamais on n'auroit vu à la tête de nos armées l'homme le plus digne peut-être de les commander.

Les troubles des colonies , l'émission des

assignats, l'inquiétude de quelques négocians, la mauvaise humeur des autres paralysoient le commerce maritime; les assemblées, trop occupées par des discussions d'un intérêt plus pressant, portoient rarement leurs regards sur les mers. La Constituante avoit laissé la liberté du commerce d'Asie aux négocians.

Elle avoit invité le Pouvoir exécutif à envoyer deux frégates à la recherche de l'intéressant *la Peyrouse. Dentrecasteaux* avoit eu le commandement de cette expédition. Elle avoit aussi déterminé les attributions des officiers et des administrateurs de la marine. Elle avoit décrété l'envoi de deux commissaires aux îles de France et de Bourbon, et ne s'étoit point occupée de nos établissemens en Asie : le Corps législatif suppléa à cet oubli.

Il discuta longuement un projet de construction d'un port entre Saint-Malo et Saint-Servan. L'exécution de ce plan, autrefois conçu par *Vauban*, fourniroit un asyle à nos vaisseaux, qui, dans toute l'étendue des côtes, depuis Brest jusqu'à Dunkerque, n'ont pas un abri.

Les commissaires envoyés à Saint-Domingue furent forcés de repasser en France. Le gouverneur *Blanchelande* y fut ramené.

L 4

Le commerce voyoit s'écouler chez l'étranger les revenus des nobles, absens de leurs propriétés. Cette distraction des capitaux interrompoit les travaux, et occasionnoit presque tous les mouvemens des ouvriers non occupés. Les émigrés reçurent l'ordre de rentrer sous peine de bannissement perpétuel. Leur refus prouva toute l'étendue des plans des ennemis de l'Etat. C'en étoit fait de nôtre liberté. Heureusement la cour ne conserva pas long-temps le pouvoir de la détruire : la journée du 20 juin prépara celle du 10 août.

Le 10 août fut le dernier jour de la monarchie.

La prise de *Longvvy* et de *Verdun*, le siége de *Thionville* électrisèrent les Français.

L'armée prussienne avoit pénétré presque jusqu'aux portes de Paris ; elle fut mise en fuite par des Français qui venoient de quitter leurs ateliers pour courir au combat.

La Convention tint sa première séance le 21 septembre 1792 ; elle proclama la République, déja consentie par le peuple français.

L'armée d'Italie s'empara du comté de Nice; celle de la Belgique, de Gand, de Bruxelles, de Maestricht; celle du Rhin, de Mayence et de Francfort.

Cependant la marine se prépare à prendre part aux combats : tout étoit changé dans ce département ; un ministre plébéien, célèbre dans les sciences et non étranger à la marine, dont par état il observoit dès long-temps les progrès, *Monge* fut appelé à créer une marine nationale. L'entreprise étoit digne de son zèle, mais l'exécution étoit devenue trop difficile par l'effet de la loi du 12 février. Cette loi, qui ordonnoit la prestation de serment, avoit trouvé tant de réfractaires que leur remplacement paroissoit impossible. Le ministre se trouvoit placé entre l'obligation d'obéir à la loi et la crainte de désorganiser ce corps de la marine. La nation toute entière commandoit cette obéissance ; et les intéressés, si foibles alors, si insolens depuis, n'avoient pas dans ce temps l'injustice de se plaindre d'un malheur dont eux-mêmes avoient volontairement posé la cause. Toutefois un assez grand nombre d'officiers généraux, de capitaines, de lieutenans, déja distingués dans la guerre d'Amérique, demeurèrent fidèles à leur pays. L'embarras fut plus grand pour les grades subalternes ; il fut extrême pour les constructions et pour les approvisionnemens.

Pour apprécier le courage des hommes généreux qui dirigèrent et activèrent dans ces temps difficiles les travaux des ports, il faut reporter ses regards sur les scènes malheureuses qui se répétèrent par-tout. L'Anglais, inquiet de cet élan national, essayoit de l'empêcher, et réussissoit trop souvent à dénaturer le caractère français ; ses émissaires, dans nos ateliers, fomentoient le trouble et excitoient au désordre. Les ouvriers refusoient leur paiement en assignats. Les lois sur l'organisation intérieure des ports n'étoient point rendues ; on n'avoit point fixé la paie des ouvriers. Chaque jour la cloche qui sonnoit l'heure du travail sonnoit celle de l'insurrection. Dans ces pénibles circonstances, au défaut de lois et pour obvier à ces manœuvres dangereuses, le ministre, de son autorité privée, fixa la paie des journées. Des hommes dévoués à leur pays eurent, au péril de leur vie, assez de courage pour faire exécuter cette décision.

Notre commerce extérieur ne fournissoit plus aux approvisionnemens. Des circulaires à toutes les municipalités les pressèrent d'exciter leurs administrés à la culture du chanvre, qu'il est facile de recueillir beau, long et en assez grande quantité pour n'avoir plus besoin d'en extraire du Nord.

L'esprit national étoit à un tel degré que, pour s'affranchir de l'Angleterre qui nous faisoit payer trop chèrement les fournitures de fonte, les villes et les particuliers firent spontanément le don des vieux canons qu'ils possédoient. On rendit ces matières susceptibles d'amalgame, et sans secours de l'étranger on fabriqua dans nos fonderies des canons neufs.

Il étoit difficile de ne pas apercevoir les projets hostiles de l'Angleterre ; il étoit important de ne pas se laisser surprendre, comme on l'avoit toujours été, dans les guerres précédentes, par les Anglais qui, pendant qu'ils endormoient notre diplomatie en Europe, faisoient capturer par leurs vaisseaux de guerre, dans les deux Indes, nos navires du commerce, revenant sur la foi des traités. Cette fois du moins on eut quelque prévoyance. Dès le 12 octobre, trente vaisseaux de ligne et vingt-une frégates furent mis en commission dans nos quatre grands ports. Cette opération se fit secrètement, pour que les Anglais ne pussent pas en tirer un prétexte de guerre ; ils l'ignorèrent alors eux qui, avant et depuis, ont si bien connu les secrets de nos Gouvernemens.

On expédia aux colonies l'ordre de mettre embargo sur tous nos bâtimens marchands, et de ne les laisser partir qu'en convoi général bien escortés, soit que la guerre fût ou non déclarée ; précaution qui arracha à la rapacité des Anglais les navires nombreux de Saint-Domingue, chargés des productions de cette riche colonie ; précaution aussi à laquelle on dut la conservation d'une flotte estimée plus de quarante millions, et ramenée des Indes orientales par le contre-amiral *Rosily*.

Le contre-amiral *Truguet*, à bord du *Tonnant*, écrivit que les couleurs nationales flottoient sur Nice, sur Ville-Franche et le fort Saint-Alban. Il avoit juré avec tous ses camarades de s'ensevelir sous les flots plutôt que de permettre que le pavillon de la République reçût la moindre insulte. L'occasion de remplir leur serment ne tarda pas à se présenter. Une chaloupe parlementaire avoit été envoyée par *Truguet* au commandant de la ville d'*Oneille*. Lorsqu'elle s'approchoit de la rade, des paysans firent feu dessus et tuèrent l'officier français qui la commandoit.

Truguet déclara que si les traîtres n'étoient punis, le feu alloit dévorer les oliviers des campagnes ; et aussitôt six vaisseaux français canonnèrent et détruisirent une partie d'O-neille. Le ministre de la marine fit part de cette nouvelle à l'Assemblée nationale. Au moment où l'on prononça le nom de l'officier français tué sur la chaloupe parlementaire, un député, élevant les mains vers le Ciel, sortit de l'Assemblée paroissant pénétré de la plus profonde douleur : c'étoit le père de cet intéressant officier, le respectable d'*Auber-mesnil.*

Pendant ce temps on faisoit reprendre par le capitaine *Lacrosse* l'île importante de la Martinique, d'où avoient été repoussées, à coups de canon, les troupes envoyées par la Métropole, sous les ordres du général *Ro-chambeau* et du lieutenant *Bruix.*

La flotte de la Méditerranée, renforcée de quinze vaisseaux de ligne, en nous rendant maîtres sur cette mer, nous permettoit de tirer une vengeance éclatante des insultes de la cour de Naples, et faisoient respecter notre pavillon par tous les Etats d'Italie.

Le commerce fut protégé par des croisières établies aux principaux attérages.

On dut à tant de précautions la possibilité de développer successivement autant de forces que l'Angleterre.

On ne doutoit plus de ses dispositions hostiles. Ostensiblement passive jusqu'à la fin de 1792, elle n'en étoit pas moins l'ame de la coalition. Son ambassadeur à la Haye soulevoit contre la France. Lord Gower avoit quitté Paris ; Jenkenson étoit à Coblentz. A Londres on renvoyoit Chauvelin ; et tandis que le peuple applaudissoit à notre révolution, la cour, ses ministres et le parlement se prononçoient contre elle.

1792.   Tandis que l'ambassadeur d'Angleterre quittoit brusquement Paris, les habitans de Londres envoyoient en France des adresses de félicitation à nos armées. Il arriva à Calais un don de douze mille souliers, et ce présent fut plusieurs fois répété.

1793.   Le gouvernement anglais fit, le 6 janvier, un traité d'alliance avec l'Autriche ; il mit dans les ports des trois royaumes un embargo sur les bleds destinés pour la France ; il proscrivit les assignats, et donna à ses armemens une telle activité, qu'il ne fut plus possible de douter de ses dispositions hostiles. Il refusa bientôt de reconnoître le ministre *Chauvelin*, malgré qu'il eût reçu de nouveaux pouvoirs du conseil exécutif. Enfin, lord *Grenville* articula de prétendus griefs. Le principal étoit le décret du 19 novembre, qui promettoit protection aux peuples dont le courage sauroit s'affranchir de la tyrannie. Vainement, dans les explications données, on fit sentir que ce secours ne pouvoit être obtenu par aucune faction, mais seulement par la volonté nationale unanime; vainement d'autres lois déclarèrent que nous ne nous immiscerions dans les querelles d'aucun gouvernement, s'ils respectoient celui que nous nous étions donné. Ce décret, du 19 novembre, étoit un prétexte; l'ouverture de l'Escaut fut un motif plus réel sans être plus légitime : cependant nos ministres firent tout pour éviter cette rupture violente; le citoyen *Maret* fut chargé de tenter des rapprochemens.

Sa mission pacifique n'eut d'autre effet que de prouver notre desir de maintenir la paix avec une Nation qui sembloit devoir être unie à nous. On étouffa les plaintes véhémentes de *Sheridan*, de *Grey*, de *Fox*.

Au mépris des usages reçus entre les nations, et contre les termes exprès du traité de commerce de 1786, un bill vexatoire fut porté par le parlement pour faire sortir d'Angleterre les étrangers établis sur la foi des traités. Ce bill donnoit au roi le pouvoir de faire déporter ceux qui refuseroient d'obéir, sans exception.

Enfin le gouvernement anglais leva tout-à-fait le masque. La mort du roi lui servit d'occasion. Le ministre *Chauvelin* reçut l'ordre de quitter Londres. Aussi la Convention nationale déclara t-elle à l'unanimité que la Nation française étoit en guerre avec le gouvernement anglais et le stathouder de Hollande. Les préparatifs dès long-temps ordonnés, l'activité de nos chantiers et de nos ports, l'enthousiasme national, rendoient alors cette déclaration peu redoutable pour nous.

La Nouvelle-Angleterre, les Indes orientales et occidentales, voyoient flotter le pavillon tricolor sur autant de vaisseaux et de frégates que les Anglais pouvoient en avoir dans ces parages. Vingt - sept vaisseaux et trente-huit frégates, prêts à mettre à la voile à la fin de Mars, alloient encore rendre notre marine plus respectable. Jamais guerre ne commença sous des auspices plus heureux. Les premiers regards du gouvernement se tournèrent vers le commerce. Une loi au-

torisa le ministre à délivrer en blanc des let- 31 janvier
tres de marque aux directoires des districts 1793.
maritimes. Ce ministre écrivoit aux négocians
des ports et des principales places les lettres
les plus pressantes pour les exciter à armer
en course, et à désoler le commerce anglais.

Un embargo fut mis sur tous les navires
ennemis.

Au lieu de faire sortir de grandes escadres,
il importoit à la situation des officiers, dont
presqu'aucun n'avoit encore commandé en
chef, il importoit de conduire par petites
divisions les bâtimens à mesure qu'ils seroient
armés ; on auroit ainsi fourni aux nouveaux
capitaines l'occasion de s'exercer à la manœuvre, de discipliner les équipages, et de
rendre les combats particuliers plus avantageux
pour nous, en privant l'Anglais des ressources
de sa tactique, dans laquelle, avec le temps,
nous redeviendrons ses maîtres, comme nous
l'étions dans la guerre dernière.

Si l'on avoit besoin de se convaincre que
ce plan fut senti et approuvé, il suffiroit
de présenter un tableau des destinations de
nos bâtimens, tel qu'il fut présenté dans les
premiers jour d'avril au comité de défense
générale.

M

Indépendamment des forces réunies dans la Méditerranée, aux Indes, et à la Nouvelle Angleterre.

La frégate *la Gracieuse*, capitaine *Chevillard*, alloit croiser sur l'île de Sainte-Hélène.

La Pomone, capitaine *Dumontier*, partoit pour croiser sur le cap Finistère.

L'Auguste, de quatre-vingt canons, capitaine *Kerguelin*; *le Superbe*, de soixante-quatorze, capitaine *Boissaudeurd*; *la Proserpine*, capitaine *Blavet*, alloient croiser à l'ouverture du golphe de Gascogne, dans toute son étendue.

Le Tourville, de soixante-quatorze, capitaine *Duval*; *l'Achille*, de soixante-quatorze, capitaine *Kerauguem*; *la Sémillante*, capitaine *Bruix*; *la Concorde*, capitaine *Vaudonzen*, devoient croiser sur l'Irlande.

La Réunion, capitaine *Deniau*, alloit croiser à l'extrémité du canal Saint-Georges; *la Médée*, capitaine *Minbelle*, sur les côtes d'Espagne.

L'Hermione, capitaine *Martin*, prenoit un convoi à Bordeaux, pour l'escorter à Saint-Domingue.

L'Expériment, de cinquante canons, n'attendoit sur la rade de Brest que deux transports pour conduire des troupes dans l'Inde.

La Thétis, capitaine *Vanstabel* ; *la Pique*, capitaine *Leipeigues*, partoient pour les îles du Vent.

La Cléopatre, capitaine *Nullon* ; *la Résolue*, capitaine *Nielly* ; *le Furet*, capitaine *Desgarnaux* ; *le Papillon*, capitaine *Fustet* ; *l'Espiègle*, capitaine *Cornic*, étoient à Saint-Malo, cherchant à s'introduire dans la Manche, pour y protéger notre cabotage.

Deux frégates portant du dix-huit, croisoient au détroit de Gibraltar.

Le capitaine *Latouche* se présenta devant Naples, et obtint du roi un désaveu des intrigues par lesquelles son ministre à la Porte paroissoit s'être opposé à l'admission du citoyen *Semonville*.

A cette époque les Portugais, violant tous les droits et méconnoissant les usages les plus sacrés chez les peuples civilisés, arrêtèrent le navire envoyé à la recherche de l'intéressant *Lapeyrouse* : ce navire étoit commandé par le brave *du Petit-Thouars*, le même qui depuis périt si glorieusement à Aboukir. Une frégate reçut l'ordre d'aller le réclamer au commandant de l'île portugaise, et, en cas de refus, de faire sauter le fort à coups de canon.

Ces différentes destinations auroient eu lieu ; chaque capitaine avoit ses instructions, tous alloient mettre à la voile, lorsque les troubles de la Vendée nécessitèrent d'autres dispositions.

Toutes les côtes de l'ouest étoient en insurrection. Cette guerre de la Vendée et celle des Chouans n'eurent d'autres causes que le dépérissement de notre marine ; peut-être même qu'au lieu d'en être l'effet elle en fut une des causes les plus directes. Qu'on ne s'y trompe pas, cette guerre ne s'est étendue qu'aux départemens maritimes. Le plus grand nombre des insurgés vivoient, ou par la navigation, ou par les produits que reportoient chez eux nos navigateurs. L'Anglais a senti l'importance d'agiter des contrées dont tous les habitans avoient l'habitude de la mer. Il a eu le double but de faire périr nos marins, et d'entretenir sur nos côtes un feu qui lui en facilitoit l'accès. Que d'autres cherchent les causes de cette guerre malheureuse dans tout ce qui pourra flatter leurs passions et nourrir leurs haines : moi, je me suis trouvé au milieu de ses feux, j'en ai couru les hasards; j'ai observé de bien près son commencement et ses progrès toujours renaissans. Celui qui aura bien jugé l'Anglais, et qui connoîtra ses intérêts, le verra secouant par-tout la torche de la discorde, en allumant toutes les fureurs sur les côtes de l'ouest, dans ce bocage de la Vendée, et des confins des Deux-Sèvres, sur les rives de la Loire, au fond de la ci-devant Bretagne, jusque dans les plaines de la féconde Normandie, et près de ce port de Cherbourg, dont la construction est pour l'Anglais un éternel sujet d'alarmes.

Cette guerre, au moins, prouve ce que peuvent des Français armés contre des Français. On ne sait quel choix faire dans les nombreux actes de courage et d'héroïsme qu'il faudroit éterniser. Qui n'admirera la conduite de ce négociant de Nantes, qui, prisonnier des brigands à l'affaire de Saint-Léger, et envoyé par eux pour traiter de l'échange de six cents prisonniers, n'ayant pu obtenir qu'on entendît leurs propositions, nouveau Régulus, fut reprendre ses fers. Vainement on lui peignit les dangers presque certains que lui faisoit courir tant de fidélité à ses engagemens : *N'importe*, dit-il, *j'ai donné parole de revenir; la vie de six cents de mes camarades en dépend, elle est plus précieuse à mon pays que la mienne . . . . Je pars.*

An 1er.

Et cette jeune femme, qui, au moment où les brigands s'emparent de la ville, traîne dans sa maison deux barils de poudre, réunit ses enfans autour d'elle, et assise auprès des barils, tenant deux pistolets pour y mettre le feu, crie aux brigands : *Si vous osez approcher, vous périssez avec moi !*

Il n'est pas un hameau des départemens insurgés qui ne puisse présenter un héros.

Lois des 2 et 6 février 1793.

Les pertes multipliées de la marine firent décréter que les officiers marchands seroient admis dans celle de la République. On régla le mode d'avancement, un nouvel uniforme fut ordonné, et on détermina la manière d'opérer le partage des prises.

5 fév. 1793.

L'exemption des droits de douanes accordée par des réglemens antérieurs, fut appliquée aux prises.

14 fév. 1793.

Les lois du 14 février et du premier octobre 1793 en donnoient le jugement aux tribunaux de commerce. Les amirautés n'existoient plus : on imagina qu'il falloit faire juger les négocians par leurs pairs. Si l'on eût observé la jalousie qu'ont inspirée dans quelques places de commerce les succès et les gains des armateurs ; si l'on eût cru que dans d'autres les membres de ces tribunaux

pourroient avoir des intérêts dans les armemens , peut-être eût-on préféré leur donner des juges qu'aucune passion ne pût at-
teindre.

Nul encouragement n'avoit été accordé
aux armateurs : la nécessité de favoriser la
course fut enfin sentie. L'absence du commerce , l'inquiétude générale , avoient amené
une famine plus factice que réelle. Au milieu de ses abondantes récoltes , la France
périssoit ; un décret promit des primes et des
récompenses aux corsaires qui rameneroient
dans les ports de France des bâtimens ennemis chargés de subsistances.

Malgré les encouragemens donnés , rien
n'égale la difficulté qu'éprouvèrent les approvisionnemens pour le compte de la République : la circulation des grains étoit par-
tout empêchée ; chaque ville , chaque village,
chaque maison croyoit avoir un siége à soutenir , et s'approvisionnoit , non d'après les
besoins réels , mais d'après ceux que sa frayeur
lui faisoit craindre d'éprouver. Les anciens
rouages administratifs étoient brisés , les nouveaux n'étoient pas organisés , ou bien ils
n'avoient pas encore un mouvement régu-
lier et certain. Trois ministres achetoient des

grains, ceux de la marine, de la guerre et de l'intérieur; leurs agens étoient partout, et partout leur concurrence connue faisoit hausser les prix et augmentoit les difficultés. Ceux de la guerre croisoient près des côtes ceux de la marine; ceux-ci gênoient sur la frontière les recherches nécessaires aux armées; ceux de l'intérieur étoient partout: ainsi la réquisition d'un département étoit détruite par la réquisition d'un autre. Les bleds alloient, revenoient, ils n'arrivoient à aucune destination: l'embarras étoit extrême. Le ministre de la guerre proposa à ses deux collègues de former un seul comité général des achats, chargé des approvisionnemens de la République: le projet, d'abord adopté par la marine et par l'intérieur, eut un commencement d'exécution; mais le changement du ministre qui l'avoit conçu y fit bientôt renoncer. D'autres imaginèrent trancher la difficulté en fixant les prix de toutes les choses nécessaires à la vie, prix nécessairement variables en proportion de la rareté des marchandises, de l'avidité des vendeurs, et des besoins des acheteurs. On s'aperçut, trop tard, que là où les transactions cessent d'être libres, il n'y a plus de commerce.

La loi du *maximum*, erreur qui fut combattue avec force par des hommes que les ennemis de la révolution accusent avec le plus d'acharnement, cette loi, toute révolutionnaire qu'elle étoit, faillit perdre la révolution; elle anéantit le commerce. Il est impossible de taire un fait dont je fus témoin... Eh ! pourquoi le tairois-je ? assez d'autres déblatèrent des calomnies outrageantes pour les fondateurs de la République. Il faut bien leur répondre par des faits.

Les administrateurs des hospices civils de Paris se présentèrent chez un des premiers magistrats d'alors. Ils lui déclarèrent que, par l'impossibilité de se procurer des grains au *maximum* déterminé, ils étoient réduits à faire sortir des hôpitaux les pauvres et les malades, auxquels déja l'on ne faisoit plus aucune distribution. Le magistrat leur répondit : *Pensez-vous qu'il vous soit possible de trouver du bled en le payant au-dessus du* maximum *?* « Oui, citoyen, mais la peine de mort ! ..... » *Eh !* répartit le magistrat avec tout le sentiment d'un ame vertueuse, *la mort ! la craindriez-vous, quand vous pouvez l'éviter à tant de malheureux !..* Et, après un moment de réflexion: *Vous avez raison*, ajouta-t-il, *il ne faut pas*

*que vous vous exposiez tous les quatre ; il vaut
mieux que, seul, je vous donne l'ordre d'acheter,
sur ma responsabilité personnelle.* Il écrit, il
signe l'ordre. Nous l'embrassons en pleurant.
Mon fils, me dit-il, en me serrant dans ses
bras, *ils le sauront..... C'est mon arrêt de
mort..... Il n'y a pas de honte à périr pour sauver
ses semblables.....* Voilà ce que j'ai vu.... Les
administrateurs existent, ils peuvent rendre té-
moignage au citoyen *Pache*. Qu'auroient donc
fait de plus ceux qui aujourd'hui osent juger les
hommes qu'ils appellent de la révolution ?

Tandis que dans l'intérieur la loi du *maximum* faisoit fermer les ateliers et les magasins, les opérations du commerce à l'extérieur étoient interrompues dans tous les
États ou par la guerre déja commencée, ou
par la crainte trop fondée de voir bientôt
cesser la paix.

L'Espagne luttoit entre le desir d'entretenir
ses relations avec la France, et la crainte de
déplaire aux coalisés. L'ami des Français, le
respectable *Daranda*, les défendoit au conseil de Madrid. O sage vieillard, si tes avis
eussent toujours prévalu, que de pleurs ils
eussent empêché de couler ! Vous qui, dans
cette guerre malheureuse, cessâtes d'être

épouses ét mères, après avoir pleuré sur la tombe de vos fils, de vos époux, venez aussi, venez reposer vos douleurs sur celle de ce ministre philosophe et sensible : il voulut empêcher le deuil de vos familles !

En Amérique, nous paroissions être dans une meilleure situation. Les États-Unis célébrèrent, par des fêtes publiques, l'annonce de nos premières victoires. *11 mars 1793.*

Les commissaires, envoyés au Cap Français, avoient destitué le commandant *Desparbès.*

Le vaisseau *la Félicité* annonça que la Martinique et la Guadeloupe avoient reconnu l'autorité de la Métropole, sans effusion de sang, et subjuguées par les seules remontrances du capitaine *Lacrosse.* *1793.*

Nos corsaires parcouroient les mers et faisoient respecter le pavillon tricolor autant par leur courage que par leur honneur et leur loyauté.

Ceux du port de Bayonne convinrent entre eux de respecter les propriétés particulières. En conséquence les effets appartenant à des Anglais sur les premiers bâtimens capturés, furent si scrupuleusement protégés qu'aucun ne fut détourné. Ce procédé inspira un tel enthousiasme aux Anglais faits prisonniers, que plusieurs demandèrent à servir sur nos corsaires.

Sans eux la mer eût été tout-à-fait abandonnée. La marine gouvernementale étoit concentrée sur les côtes de l'Ouest.

Il fallut suspendre les projets concertés et réunir tous les moyens pour intercepter les communications de l'Anglais avec les rebelles de la Vendée. Des ordres furent donnés à tous les capitaines des bâtimens armés, et le 9 avril on apprit à Paris que la flotte réunie à Belle-Isle y étoit arrivée de Brest, de l'Orient et de Rochefort, sous les ordres de *Villaret - Joyeuse*; tandis que le commissaire *Niou*, avec quelques frégates, soutenoit les divisions de l'armée de terre qui reprenoient Saint-Gilles, Noir-Moutier et les Sables.

Avoir mis nos côtes en sûreté n'étoit pas un acte que les Anglais pussent pardonner. Ils intriguèrent auprès de quelques hommes influens; ils en obtinrent le renvoi du ministre *Monge*, espérant ainsi attiédir le zèle de l'administration qui venoit de déjouer tous leurs plans. Son successeur *d'Albarade*, honnête homme, marin estimable, mais trop loyal pour être en garde contre les intrigues multipliées autour de lui, trop modeste pour empêcher l'envahissement des comités et des députés en mission, vit bientôt son pouvoir partagé passer en des mains étrangères à la marine. Dès-lors cette unité, si nécessaire aux opérations militaires, n'existant plus, l'Anglais, qui ne pouvoit corrompre le ministre, corrompit ou trompa plus facilement plusieurs de ceux qui se mettoient à sa place. Cependant, si notre reconnoissance doit être en proportion de la haine que vouent les Anglais, *Monge* et *d'Albarade*, si souvent calomniés par eux, et à plusieurs époques cruellement persécutés, ont tous les deux des droits au souvenir et à l'estime des hommes qui apprécient la probité, la vertu et le dévouement.

La marine de l'État avoit changé son épithète de *royale* en celle de *nationale*. Il paroît nécessaire de s'entendre sur l'acception de cette dénomination. Si les mots, par l'influence qu'ils ont sur les choses, doivent avoir une exacte précision, cette importance augmente pour les termes militaires.

Sous la monarchie, les deux divisions de la force armée de terre et de mer étoient désignées sous les dénominations génériques, et un peu vagues, d'armée royale et de marine royale ; les subdivisions en corps d'armée, en flottes, et les fractions en régimens et en vaisseaux. Ces expressions étoient applicables au gouvernement d'alors. Soit que le roi eût le tort de se croire maître des troupes qu'il commandoit, soit que la nation ne le considérât que comme chef exerçant le droit de paix et de guerre ; dans l'un et l'autre cas, il n'étoit pas trop déraisonnable de comprendre, sous les dénominations d'armée et de marine royale, toutes les forces mises en mouvement par le roi, et n'obtempérant qu'aux ordres émanés de lui, comme investi par la nation de l'exercice de ce droit de paix et de guerre et du soin de l'exécution des lois.

Quand le gouvernement monarchique a fait place à un gouvernement républicain, que restoit-il à faire pour la nomenclature de la force armée ? De donner des noms et des adjectifs applicables à la nouvelle forme du gouvernement et à la nouvelle organisation militaire. A-t-on atteint ce but ? Dans l'armée de terre on s'en est plus rapproché que dans celle de mer. Les citoyens, mis en réquisition par le gouvernement pour combattre l'ennemi extérieur, marchent sous la dénomination de *troupes de ligne.* Celle de *nationale* est conservée à la garde sédentaire, composée de la réunion de tous les citoyens.

Pour la force de mer, au contraire, on semble avoir pris la partie pour le tout : la marine de ligne s'appelle nationale ; et encore comme autrefois la marine réellement nationale, parcourt les mers avec le titre modeste de marchande.

Si l'expression de la réunion de la force de mer est moins exacte que celle de terre, les subdivisions aussi sont moins déraisonnables. Les noms de généraux de division et de brigade présentent à la pensée des chefs d'une partie des forces composées d'un nombre invariablement déterminé. Dans le fait néanmoins les attributions de ces généraux sont toujours subordonnées au nombre de ceux employés dans le même grade, au nombre des combattans, aux dispositions et à la confiance du général en chef. Leurs noms n'expriment donc pas l'étendue de leurs fonctions ; celles de lieutenant du général en chef se conçoivent mieux. En ajoutant à ces observations, elles frapperoient plus directement sur les chefs des fractions de la force. Par exemple on dut changer le mot *régiment*, dont l'étymologie venoit du nominatif allemand *mann* homme, et du génitif latin *regis* du roi. Personne ne vouloit plus être l'homme du roi. Mais en y substituant celui de demi-brigade, on n'a pas fait assez. Une moitié suppose, ou la division du tout opérée, ou la possibilité de l'addition d'une partie à une autre ; or, on n'a point créé de brigade entière : la demi-brigade n'est point une fraction, mais un tout ; il ne falloit donc pas l'appeler ainsi, et quand on supprimoit le titre de colonel qui désignoit le chef d'une colonne, dont la force étoit indifférente, il ne falloit pas y substituer celui de chef de brigade, puisque l'officier qui le porte ne commande réellement et ne peut commander qu'une demi-brigade. Il ne seroit pas plus difficile d'exprimer une chose par le mot qui en donne l'idée, que par un autre qui ne peut qu'égarer. Il est d'ailleurs nécessaire, si l'on veut accoutumer aux nouvelles institutions, d'en rendre la nomenclature facile et intelligible : par exemple, celle des poids et mesures, grecque lorsqu'il étoit possible de nous la donner française, est peut-être le plus grand empêchement à l'adoption du système.

Revenons à la marine. Pourquoi ne pas appeler *nationale* la marine marchande ? et celle que l'on appeloit royale, pourquoi ne la nommeroit-on pas *de ligne*, par assimilation à l'armée de terre, ou, si l'on veut, gouvernementale ? Cette dernière expression seroit peut-être la plus exacte. Uniquement employée à des opérations qui sont une conséquence des devoirs imposés au gouvernement pour la sûreté extérieure de l'Etat, et pour la protection due aux propriétés des citoyens, elle est une émanation gouvernementale. Ce sera sous ces deux noms que je la désignerai dans la suite de cet ouvrage. Suivons ses opérations.

Le citoyen *Lescalier*, l'un des commissaires envoyés dans nos établissemens au-delà du Cap de Bonne - Espérance, en rendit un compte très-satisfaisant.

La guerre avec l'Espagne avoit éclaté. Les Français établis dans ce royaume furent contraints de partir. Embarqués à Cadix avec les débris de leur fortune, ils furent dépouillés dans la traversée par les Anglais, qui ne respectèrent dans ces proscrits ni le droit des gens, ni celui du malheur.

Les Anglais multiplioient leurs pirateries. La neutralité fut partout violée par eux, tous

avril 1793.

mai 1793.

mai 1793.

N

les bâtimens de leurs alliés et des nôtres furent arrêtés toutes les fois qu'ils se trouvèrent chargés de marchandises pour nous. La Convention indignée fit et dut faire une loi pour que nous ne demeurassions pas victimes de notre respect pour le droit des gens.

Elle décréta que les bâtimens portant des marchandises pour l'Angleterre seroient arrêtés, et cependant, pour ne point léser les droits des neutres, la même loi ajoutoit que leurs cargaisons seroient payées chez nous sur le pied de leur valeur au lieu de leur destination.

Les flottes Anglaise et Française étoient encore dans une proportion de forces moins inégale.

Nous avions conservé dans les Indes occidentales une si grande supériorité, que les primes sur la flotte que les Anglais attendoient de la Jamaïque étoient montées de 12 pour cent.

On se détermina à livrer un combat général.

4 Prairial an 2.

Dans ce combat, le plus sanglant dont les annales de la marine conservent le souvenir, le plus désastreux peut-être pour notre marine, au moins huit vaisseaux de port et d'autres furent démâtés. Celui de *la Montagne*, monté par l'amiral, eut trois cents hommes tués ou dangereusement blessés. Il reçut dans la coque du bâtiment 230 boulets : ses agrès et ses voiles étoient criblés. *Jambon-Saint-André*, en peignant l'acharnement des combattans, écrivoit : *c'étoit Rome et Carthage*. On eût évité ce désastre, si l'on eût voulu éviter des batailles générales auxquelles notre marine, par son petit nombre et par son inexpérience, n'étoit pas encore disposée.

La neutralité doit être relative. Que servoit à la France de la respecter, quand et sur les mers et dans les ports, on la violoit à son égard ? Les personnes et les propriétés des Français étoient par-tout attaquées, et sous les yeux des neutres, les Anglais égorgèrent des Français. Trois cents périrent dans le port de Gênes : ils avoient cru sur la foi des traités pouvoir y demeurer en sûreté ; l'Anglais les assassina sous les batteries du fort et en présence des neutres.

La frégate française *la Modeste* étoit dans ce port. Tandis que l'équipage dînoit, un vaisseau anglais de 74 canons entre. Le commandant crie d'amener le pavillon tricolor, et de hisser pavillon blanc. Au refus des Fran-

Frimaire
an 2.

çais, les ponts volans préparés à cet effet tombent sur *la Modeste* ; à un signal convenu, les Anglais massacrent les Français désarmés. Les barbares ont la lâcheté de courir sur ceux qui échappoient dans des canots, et tuent jusqu'à des mousses qui se sauvoient à la nage.

Dans ces tristes extrémités, la Convention, lasse d'être généreuse, permit enfin aux bâtimens de guerre et aux corsaires d'arrêter les neutres destinés pour ports ennemis, ou portant des propriétés ennemies. Les Etats-Unis furent exceptés. On déclara même que cette mesure ne dureroit qu'autant que l'Angleterre persisteroit à s'écarter du règlement de 1778.

An 2.   Les Anglais avoient, dès le mois de Janvier 1794, ordonné la confiscation de tout navire neutre chargé de propriétés françaises venant de nos colonies. Cette loi nécessita le décret du 29 nivose, si fortement combattu par tous les partisans de l'Angleterre, moins parce qu'il dérogeoit au droit commun, que parce qu'il portoit au commerce anglais un coup funeste.

Pendant que les Anglais, acharnés à nous nuire, soulevoient contre nous les nations, un manifeste de la Convention annonçoit à tous les peuples son desir d'entretenir l'alliance des États-Unis ; ceux-ci, égarés par leurs ennemis et par les nôtres, au lieu de la réciprocité qu'ils nous devoient, préparoient ce traité qui fut conclu à Londres le 19 novembre 1794.

A Copenhague, une assemblée générale 1793. An 2. de tous les négocians chargea une députation d'aller porter au ministre, comte de Bernstoff, les félicitations du commerce pour la fermeté inébranlable avec laquelle il avoit résisté aux menaces de la coalition, et pour l'exemple qu'il avoit donné aux États libres de ne céder jamais à des impulsions étrangères, pour s'engager inconsidérément dans des guerres fatales au bonheur des nations.

On s'aperçut trop tard de la nécessité d'encourager l'armement en course.

Les corsaires sont aux armées navales ce que sont aux armées de terre les troupes légères, les hussards, les chasseurs, les éclaireurs, et l'on sait quelle part eurent ces troupes à nos succès. Comme elles, les bâtimens armés en course éclairent la marche de l'armée, surveillent nos côtes, font des incursions chez l'ennemi, le harcèlent, amènent des subsistances, sont toujours en mouvement, et assurent aux autres le repos que même à la guerre on a besoin de prendre.

Cet usage de la course n'étoit pas inconnu chez les anciens.

Tandis que la ville et le rivage de Troie sont défendus par les alliés de cette ville malheureuse, réunis sous ses murs avec ses habitans, et commandés par Hector, les Grecs, privés de subsistances, détachoient de leurs flottes de fréles bâtimens qui couroient enlever sur les côtes et chez les alliés de Troie des bleds et des bestiaux.

16 août 1793.   Les formes à suivre pour le jugement des prises furent enfin déterminées.

26 août 1793.   On étendit les dispositions du décret des 9 mai et 9 juin aux vaisseaux appartenans aux puissances allemandes ayant voix à la diète de Ratisbonne.

18 septemb. 1793.   La Convention autorisa les corsaires à vendre leurs prises dans les Etats neutres, décret contraire à l'ordonnance.

21 septemb. 1793.   Elle proclama un acte de navigation, mais, répétition de quelques anciennes ordonnances, il étoit incomplet, et incapable de produire un grand effet. Je reviendrai sur cet objet important.

21 septemb. 1793.   Un autre décret établissoit des précautions

pour prévenir l'abus que l'on pouvoit faire du pavillon français.

Toutes ces lois de circonstance firent enfin place à un décret vraiment national. Il contenoit tout ce que les anciennes ordonnances présentoient d'utile, il détruisoit tout ce qu'elles prescrivoient d'injuste. Heureuse notre marine, si cette jurisprudence eût été plus constante!

Le courage n'étoit point ralenti par le cri de l'intérêt. Le vaisseau coulé à fond dans les combats étoit payé. Les dépouilles des vaincus n'étoient point arrachés aux vainqueurs; nul partage, nul droit ne pouvoit leur en soustraire aucune part.

Les prix accordés pour l'abordage, les intérêts de tous les capteurs étoient calculés avec humanité; les passagers, les troupes de terre embarquées n'étoient point privées des bénéfices.

Si les blessures reçues dans les combats, si les fatigues empêchoient des matelots de continuer la course, ils n'étoient pas pour cela privés des prises faites par leurs camarades.

Les veuves, les enfans avoient droit à des récompenses.

Une flotte auroit fait moins de mal aux Anglais qu'une bonne loi , aussi les ennemis de notre marine s'appliquèrent-ils à en empêcher l'effet.

8 novembre 1793.

Le décret du 8 novembre 1793 déclara que les contestations sur les prises seroient jugées par le conseil exécutif ; toutefois il ne paroît pas que ce décret ait eu son exécution, comme tant d'autres : soit parce que les rédacteurs ne le revêtissoient pas de tout ce qui étoit nécessaire à son organisation , soit parce qu'il paroissoit en opposition avec d'autres décrets non rapportés , il demeura sans effet.

Les revers que la République venoit d'éprouver cessèrent bientôt , et tandis que sur le continent nos armées reprenoient la défensive , et rentroient dans les places un moment occupées par l'ennemi , on donnoit aux forces maritimes un nouveau développement.

Sept. 1793.

Les Anglais levèrent honteusement le blocus qu'ils avoient cru pouvoir soutenir devant Dunkerque. *Hoche* étoit là. Si cet intrépide général avoit eu le commandement en chef, peut-être que les Anglais , forcés de se retirer dans le canal de Furnes , eussent été ensévelis, eux , leurs bagages et leur artillerie , sous les sables qui arrêtoient leur mouvement et rendoient leur défaite possible.

Au surplus, le vieux militaire qui commandoit fut condamné avec trop de légéreté, car les mauvais chemins qui arrêtèrent la marche de l'Anglais nous présentoient bien aussi quelques obstacles pour le poursuivre.

Tous les détails du déblocus de Maubeuge, de la reprise du Quesnoy, de Landrecie, de la défense de Mayence, seront conservés dans l'histoire de la guerre de la liberté.

Ceux du siège de Grandville appartiennent à la marine : ils servent à prouver que ceux qui insurgèrent les départemens de l'Ouest n'avoient point l'intention de rétablir la monarchie française, mais bien plutôt celle de livrer notre pays à l'Anglais. En effet, s'ils avoient voulu détruire la République au moment où les coalisés occupoient le nord de la France, au moment où Toulon n'étoit plus en notre pouvoir, que devoient-ils faire, les Vendéens ? déja maîtres de toute l'autre rive de la Loire, aux portes de Tours et d'Orléans, ils pouvoient approcher de celles de Paris, y empêcher l'arrivage des approvisionnemens, l'affamer, et forcer ses habitans à recevoir un roi. Paris étoit le centre de l'Empire, il étoit devenu le quartier-général de la révolution ; Paris détruit, la République périssoit, et les vrais royalistes le savoient bien. Les Vendéens, au contraire, dispersent leurs troupes, les portent dans la Normandie, où aucune place forte, aucune position militaire ne leur donnoit l'espérance de se maintenir ; et au lieu de s'emparer des rives de la Seine, de s'y tenir, et de fatiguer encore Paris, ils courent sur les côtes de la Manche, approchent de Cherbourg, le seul objet des vœux des Anglais, et préludent à son attaque par celle de Fougères et de Grandville.

24 brumaire
an 2. Tous les détails du siége de Grandville méritent d'être connus : les troupes, les citoyens, leurs magistrats, tous honorèrent la cause qu'ils défendoient. Des officiers municipaux périrent en conduisant les habitans à l'ennemi : les femmes et les enfans formoient des chaînes de l'arsenal aux batteries, pour en accélérer le service ; dans les intervalles du feu l'air retentissoit de cette strophe touchante : *Amour sacré de la patrie, conduis, soutiens nos bras vengeurs !*

Enfin l'intrépide général *Vachot* se détermine à chasser des faubourgs l'ennemi qui déja s'y étoit établi ; il saisit une torche d'une main, et armé de l'autre, il court aux brigands : ses camarades le suivent, il porte par-tout le feu et la mort ; et quand la victoire est décidée, avant de chercher quelque repos, tous ces braves soldats travaillent à arrêter les progrès de l'incendie : ils mettent à conserver les propriétés des habitans autant de zèle qu'ils en avoient montré contre l'ennemi.

Toulon, que les Anglais n'occupèrent que par trahison, fut rendu à la République : la prise de la redoute anglaise mit fin à leur usurpation. On ne peut donner assez d'éloges au courage constant du sage *Dugommier*, aux talens et à l'intrépidité des officiers qui le secondoient, et qui, à l'école de ce général, devinrent si grands eux-mêmes, à l'énergie et au dévouement de plusieurs députés en mission. L'intrépide *Cervoni*, frappé à la poitrine d'un coup de baïonnette, accompagna à Paris Hoara et tout son état-major. Ces officiers, pleins de mépris pour ceux qui avoient trahi leur patrie, apprécioient la valeur et les vertus des Français.

Le modeste Dugommier, dans sa correspondance avec un adjoint au ministre de la guerre,

29 frimaire an 2.

rendoit justice à tous ; seul il oublioit ce que lui-même avoit fait ; il écrivoit : « Mon » plan, pour la reprise de Toulon, mon » plan n'a pas été suivi ; je m'en réjouis, car » aucune combinaison n'eût égalé le courage » et l'habileté de mes jeunes camarades. »

Quoique négligées, la marine gouvernementale, et celle du commerce, se signaloient par des actes particuliers de valeur.

18 vendém.
an 2.

Les prisonners anglais, traités avec égard, abusoient de cette facilité pour s'évader. Trois prisonniers français surent briser leurs fers, mais d'une manière plus glorieuse : ils s'emparèrent d'un petit bâtiment, le conduisirent à Boulogne, et la Convention, instruite de cet évènement, leur en abandonna la propriété.

28 brumaire
au 2.

Ses lois, quoiqu'imparfaites, électrisèrent les marins. Oletta, corse, commandoit la félouque *la Vigilante* : après avoir fait plusieurs prises, il s'étoit réfugié dans une anse du cap Corse ; et là, désespérant d'échapper à la poursuite d'une frégate anglaise, il débarque ses canons, les place auprès d'une petite tour, et atteint d'un coup mortel pendant qu'il arbore le pavillon français, il crie à ses camarades : *Malgré l'ennemi, le pavillon tricolor flottera sur cette tour.*

Dans le combat que le lougre français *le Hoche* livra à l'anglais *la Résolution*, on remarqua un soldat de la marine, qui, blessé gravement au côté d'un coup de pique, l'arracha d'une main, de l'autre tira un coup de pistolet à l'anglais qui venoit de le frapper, et s'élança un des premiers à l'abordage.

Des invalides de la marine, et quelques marins blessés, en congé à Olonne, aperçurent un vaisseau battu par la tempête qui venoit se briser contre les rochers. Sa construction étoit anglaise, le signal de détresse empêchoit de distinguer son pavillon ; aucun ne voit un ennemi dans des hommes luttant contre la mort, tous oublient et leur âge et leurs blessures, tous s'élancent dans un fragile canot, et surmontant des montagnes d'eau, malgré les vents et les vagues, ils approchent du bâtiment : alors le pavillon se déploie à leurs yeux, c'est celui des États-Unis. Cette vue redouble leur force et leur courage. Le dernier cable du navire, rongé par les rochers, alloit se partager, lorsqu'ils s'élancent à bord, s'emparent de la manœuvre, et traversant avec autant de célérité que de talent les nombreux écueils qu'ils connoissent, ils entrent au port aux cris répétés par les Américains de *vive la République ! vivent les Français !*

On a beaucoup parlé du vandalisme des temps où l'on fonda la République. Ce reproche est aisément détruit quand on veut porter ses regards sur les progrès que firent depuis dix ans les sciences et les arts. La législation les encourageoit, ces progrès, et il n'est pas indifférent de rappeler l'exactitude dés marins à suivre une disposition de la loi du 4 brumaire an 3 ; elle ordonna aux capteurs d'envoyer au Gouvernement la description de tous les objets qui pourroient enrichir ou le muséum national ou le jardin des plantes, ou les bibliothèques publiques: quand ces objets étoient jugés utiles, des dédommagemens convenables étoient accordés aux capteurs.

Les corsaires faisoient des prodiges, et la marine en eût fait de plus grands si on eût voulu renoncer au dangereux systême d'employer toutes nos forces à la fois.

L'escadre de la Méditerranée, séparée par les mauvais temps, et réduite à cinq vaisseaux, soutint un combat inégal contre l'escadre anglaise, forte de treize vaisseaux. Un des nôtres fut coulé à fond ; nous perdîmes

le Censeur: nous prîmes aux Anglais *le Per-*
vick; *l'Audacieux*, fut mis hors d'état de
servir.

La perte de nos vaisseaux, et plus encore
celle de nos matelots, étoit difficile à réparer; on voyoit marcher à grands pas sur
nos routes une jeunesse brillante et animée
du desir de vaincre : elle se dirigeoit vers nos
camps, et nos ports restoient déserts. Le service des vaisseaux étoit abandonné : on eut
recours à des pêcheurs, à des bateliers de
rivière; foible ressource, parce qu'ils étoient
trop peu nombreux, car d'ailleurs ils avoient
les qualités desirables.

Les pêcheurs et les bateliers de rivière
ont montré en quelques endroits des dispositions nautiques ; mais par-tout ils se
sont signalés par un dévouement égal à
celui des marins ; il ne manquoit à ces
braves gens qu'un théâtre plus vaste. Parmi
les traits nombreux qui les honorent, on
a cité les actes de courage et d'humanité
de François *Bezineau*, patron sur les bateaux de passage de *Cubjac*, dans la Dor-
dogne. Ce brave homme avoit à différentes
époques arraché aux flots plusieurs personnes
près de périr, lorsque malade dès long-

18 floréal
an 3.

temps , et affoibli par des douleurs cruelles , le bateau qu'il conduisoit ayant chaviré, il eut la satisfaction de sauver une malheureuse nourrice et l'enfant qu'elle allaitoit.

La marine reçut cette année de la diplomatie un secours utile.

25 floréal an 3.

Un traité d'alliance, offensif et défensif, fut signé par les états généraux de Hollande , et ratifié par les états particuliers : nous nous réservâmes comme juste indemnité la Flandre hollandaise, Maëstricht, Venloo et leurs dépendances ; le port de Flessingue devint commun aux deux Républiques ; la navigation du Rhin , de la Meuse et de l'Escaut fut libre pour toutes deux.

28 floréal an 3.

L'ambassadeur *Barthelemy* et le baron de *Hardenberg* signèrent à Bâle les articles du traité entre la France et la Prusse.

L'accueil que reçut à Constantinople l'ambassadeur *Verninac*, sembloit resserrer nos liaisons avec l'Empire Ottoman.

Le roi d'Espagne donna son adhésion au traité de paix conclu avec la République.

13 prairial an 3.

Cette année aussi fut l'époque du combat à jamais célèbre que livra Jambon - Saint-André : s'il est jugé par le résultat, il fut plus funeste aux Anglais qu'à nous, puisque les subsistances dont nous avions alors un si pressant besoin furent sauvées, tandis que le convoi des Anglais fut intercepté. Si on le considère sous les rapports de courage et de talent, peut-être le jugement des Anglais seroit plus équitable que celui qu'en ont porté plusieurs Français prévenus contre notre marine et trop disposés à la calomnier. Toutefois cette journée terrible donna à nos marins l'occasion de se signaler d'une manière éclatante; les volontaires, embarqués pour la première fois, prouvèrent combien le Français est disposé à la mer. Un jeune réquisitionnaire, *Belard*, avoit eu la jambe cassée; il refuse les secours de l'officier de santé, parce qu'il vouloit, avant de se laisser panser, observer l'effet de la pièce auprès de laquelle on l'avoit couché, et où l'on alloit mettre le feu; et quand il eut vu qu'elle portoit à bord, *à présent*, dit-il, *vous pouvez me panser.*

La Corse fut encore attaquée par les Anglais; les habitans de Calvi luttèrent pendant deux mois contre l'ennemi et contre la faim; les femmes se mêloient avec les combattans; le jeune Varsi, frappé d'un éclat de bombe à la poitrine, s'écria en tombant dans les bras de sa mère: *Ne pleure pas, ma mère, je meurs pour la patrie.*

O

Dix mille émigrés, vomis par les Anglais, s'emparèrent de la presqu'île de Quiberon; bientôt les colonnes républicaines gravissent les rochers, pénètrent jusques dans le fort de Penthièvre. Les émigrés, placés entre les feux des Français et ceux des Anglais, apprennent trop tard que si la nature ne donne à chaque homme qu'une mère pour protéger la foiblesse de ses premiers ans, la société ne donne à chaque peuple qu'une patrie; l'une et l'autre ne se retrouvent plus alors qu'on les a perdues. Les sociétés étrangères, marâtres impitoyables, vous sacrifient à leurs intérêts; et cette expression cruelle d'un Anglais au récit de l'affaire de Quiberon: *Un émigré fusillé, un soldat de la République tué, ce sont deux Français détruits*; cette expression cruelle, en donnant la mesure de la haine que nous portent certains Anglais, doit resserrer aussi les liens qui attachent tout Français à sa patrie.

On retira au ministre de la marine le droit de délivrer les lettres de marque; une commission s'en empara: au lieu d'encouragement aux armateurs, on exigea d'eux un cautionnement de 50,000 francs; excepté la poudre qu'il étoit impossible de se procurer, rien

ne leur fut accordé pour faciliter leurs armemens.

La Convention, qui avoit décrété une fois
que l'argent étoit marchandise, et une autrefois qu'il ne l'étoit pas, la Convention décréta que dans les prises, les matières d'or
et d'argent, dont le prix du poids surpasse-
roit celui de la main-d'œuvre, seroient envoyées à la trésorerie, et que celle-ci en
feroit passer la valeur dans la décade de leur
réception.

L'ordonnance de 1677 défendoit de faire
le commerce des Colonies avec du numéraire, et forçoit ainsi à employer tous les
moyens d'échange.

Un arrêt de la cour des monnoies, du 7
mai 1746, ordonne que les matières, argen-
teries et vaisselles d'or et d'argent, qui se trouveroient sur les prises, seroient portées aux
hôtels des monnoies, pour en être la valeur
vendue sur le pied des tarifs.

Cet arrêt fut confirmé par le conseil d'état,
qui remit en vigueur les réglemens concer-
nant les matières d'or et d'argent.

Après avoir fait adopter par nos voisins le
système d'unité des poids et mesures, seroit-
il donc impossible d'obtenir la même unité

3 brumaire
an 4.

O 2

pour les signes monétaires ? La différence des monnoies est peut-être plus funeste au commerce avec l'étranger que l'inégalité des poids et mesures ; on peut rétablir cette inégalité, mais quelle garantie avons - nous contre le trop ou pas assez d'alliage dans les matières employées à la fabrication des monnoies?

La marine gouvernementale avoit aussi fait plus qu'on ne pouvoit attendre de l'abandon et de la désorganisation où on l'avoit laissée.

La métamorphose du ministère de la marine en commissions exécutives, sans unité, sans centre, occasionnoit nécessairement, et malgré le talent et l'activité des commissaires, un mouvement lent et désordonné. Les ordres de la marine à son agence étoient transmis par celle-ci à la commission des transports de terre, qui à son tour les faisoit parvenir à celle des transports par eau: les mêmes difficultés se reproduisoient pour la fabrication des armes, pour les travaux des ports, pour les approvisionnemens ; ainsi des bâtimens attendirent dans les ports pendant neuf mois les objets accordés pour leur départ.

Malgré tous ces obstacles, Sainte-Lucie

fut enlevée à la baïonnette ; onze vaisseaux anglais baissèrent pavillon devant trois frégates françaises, et leur abandonnèrent d'abondantes munitions de guerre et de bouche.

Une descente du ci-devant comte d'Artois à l'île d'Yeu ne produisit que la honte d'un prompt départ.

Les marins avoient fait sur l'ennemi des prises riches et nombreuses ; mais entassées dans les ports et dans les magasins, leur liquidation ne s'opéroit point : un grand nombre d'objets étoient requis pour le service public, la vente des autres étoit suspendue, et il fallut une loi pour ordonner que les capteurs pussent enfin disposer du fruit de leur dévouement et de leurs sacrifices.

Les marins ne demandoient que des lois d'organisation ; celles des 2 et 3 brumaire an 4, ouvrage d'une réunion de marins instruits, réglèrent tout ce qui y avoit rapport.

Ces lois accordoient à tous capitaines des bâtimens du commerce appelés au service de la République, rang d'enseigne de vaisseau, et à ceux âgés de trente ans, rang de lieutenant.

Dans ses dernières séances, la Convention nationale prononça des décrets dignes des

temps où elle conservoit encore toute sa
force et toute sa vertu : elle ne se sépara pas
sans tourner ses regards vers la marine, trop
long-temps négligée, et, pour me servir des
expressions du citoyen *Guillard*, comme un
père qui, au lit de la mort, veut réparer ses
injustices envers son fils trop maltraité, elle
rédigea une longue loi sur l'administration,
la procédure, le jugement, la vente et la
liquidation des prises : toutefois ne pouvant
prévoir les difficultés, elle légua à ses exécuteurs testamentaires, au Directoire, le soin
de faire tous les réglemens que les circonstances exigeroient.

Il lui fut impossible de rien faire pour le
commerce. Jamais sa situation n'avoit été
si déplorable. Les réactions continuelles
avoient fait cesser les transactions : la dispa-
rution totale de l'argent, l'avilissement toujours croissant des assignats, ne laissoient
aucun moyen d'échange. Le marchand conservoit des matières dont la valeur augmentoit tous les jours, plutôt que de les vendre
pour des papiers qui, perdant *à toute heure*,
auroient le lendemain été insuffisans pour
remplacer les marchandises vendues la veille.

Un systême atroce qui décéloit dans ceux

qui l'avoient conçu et exécuté autant de scélératesse que de talent, un systême atroce avoit organisé la famine.

Il faut en France beaucoup plus d'adresse pour amener la famine que pour y maintenir l'abondance.

Elle ne nous désola dans ces derniers temps qu'à deux époques ; la première, sous le ministère de *Terray* ; la seconde, durant la révolution, et plus particulièrement sous la réaction du gouvernement conventionnel, et peut - être qu'à toutes deux elle fut le résultat des machinations des mêmes hommes.

Toutes les autres années ont ramené l'abondance.

La position, la culture, la fertilité de notre sol, ses différens degrés de température, la sobriété de ses habitans rendent la disette impossible par - tout et en même-temps : si par fois et sur quelques points un hiver trop rigoureux glace dans la terre les germes que le cultivateur lui confia, si la gelée dépouille nos arbres et fait disparoître l'espérance de nos vendanges, si des chaleurs brûlantes dessèchent nos champs et nos vergers, ou que nos moissons soient brisées et dispersées au loin par les vents, par la grêle, par les orages, ces fléaux ne frappent jamais qu'une contrée ; quand le Nord est affligé par les élémens, le Midi en reçoit tous les bienfaits, et ceux dont les travaux furent plus heureux peuvent consoler leurs voisins, alors que leurs sueurs et leurs peines furent moins fructueuses : mais quand partout on demande à la terre ce que sont devenues les abondantes récoltes dont on l'avoit vu parée naguères, c'est à tort que l'on accuse la nature ; c'est l'homme qui est coupable.

Non, ce ne fut pas la nature qui nous refusa ses dons accoutumés ; ils nous furent ravis par des hommes qui outrageoient et la nature et l'humanité ; et cependant l'enfant périssoit sur le sein desséché de sa défaillante mère ; le vieillard se traînoit sur le tombeau de ses pères, il regrettoit qu'il ne se fût pas plutôt ouvert pour lui ; on voyoit tomber d'inanition et de misère ces robustes ouvriers, dont la force et la vigueur n'avoient jamais été altérés : les perfides croyoient ainsi réduire le François à recevoir des fers, et tout un peuple aux abois demandoit la mort, mais non pas l'esclavage !. . . . . Qui donc nous accabla de tant de maux ? Qui osa frapper une génération toute entière, la dessécher dans sa source, parcourir tous les âges, les affliger tous ? Qui donc ? si ce n'est le barbare étranger, le même qui déja employa le fer, l'assassinat et la corruption, le même qui nous arma les uns contre les autres, le même qui, las des secours de la guerre extérieure et intestine, secours trop lents au gré de ses fureurs, appela pour les assouvir la famine et la peste. C'est donc là l'usage que fait l'Anglais de sa suprématie commerciale ! . . . . . Jusqu'à quand les peuples fatigués de tant d'outrages suspendront-ils leur vengeance ? elle eût été terrible, notre vengeance, si cette Convention nationale, au lieu d'attiser les haines, de nourrir l'espérance des mécontens, d'en créér de nouveaux, et de les faire tous s'entre-déchirer, eût donné aux éclats d'une fureur trop long - temps concentrée une direction funeste à l'Anglais. Ce n'est pas que je veuille oublier ce que la Convention fit de grand ; la postérité la jugera. Ses membres, comme ceux des autres Assemblées nationales, ne seront point solidaires pour les actes auxquels ils ne participèrent pas : on saura les diviser dans la mémoire des hommes, comme ils le furent en effet.

Dans ces Assemblées une classe se composa d'hommes honorables, même dans leur opposition, parce qu'elle fut franche. Ils vouloient la monarchie ; ils coururent se jeter au devant du char qui, dans sa course, broyoit toutes les résistances : ils furent écrasés ; mais du moins leur dévouement n'est pas douteux, puisque, ne pouvant franchir le précipice, ils voulurent le combler de leurs corps.

Une seconde classe se composoit des *Thersites* de la révolution, des courtiers des plus viles intrigues, des lâches qui se traînoient pour ramasser les dépouilles ; ceux-là ne meurent pas ! ils vivent cachés dans un nuage de honte qui empêche d'aller à eux.

Il est une troisième classe que j'aurois dû placer la première : c'est celle de ces republicains intrépides, qu'aucun danger n'épouvanta, qu'aucun sacrifice ne rebuta. Ceux-là fondèrent et défendirent la République ; le plus grand nombre périt ; les autres conservèrent la vie, sans jamais fuir la mort ; ils se sont assis auprès des êtres les plus corrompus, et ils sont encore vertueux; ils ont disposé des richesses de l'État, et ils sont pauvres. Les ennemis de la République les considèrent comme un éternel empêchement à l'exécution de leurs projets, et cependant les ennemis de la République les estiment. Si la guerre les rappelle sous des drapeaux divers, tous feront leur devoir : mais si la paix permettoit de ne plus déguiser ses véritables sentimens, ils leurs prodigueroient des témoignages de respect; car aux lâches seuls resteront un jour l'opprobre et la honte.

Au gouvernement des comités et des commissions avoit succédé celui du Directoire exécutif : celui-ci, investi de plus de force, marchant dans une institution toute neuve, et qu'il pouvoit organiser à son gré, avoit d'immenses moyens d'opérer le bien. Pourquoi n'en profitoit il pas ? Il n'appartient pas aux contemporains de prononcer; leurs jugemens auroient l'air de reproches, et par-là même ils seroient récusables. Il est aussi facile d'accuser les gouvernans qu'il est difficile de gouverner. La vicissitude des choses et des hommes a donné depuis dix ans des leçons utiles. Tel qui frondoit ses devanciers, parvenu à les remplacer, a commis plus de

An 4.
nov. 1795.

fautes qu'eux, et s'est retiré honteux de l'essai qu'il avoit osé faire. Si l'ambition, un moment satisfaite, leur a rendu supportables les fatigues de l'exercice du pouvoir, le vide que trouvent autour d'eux, lorsqu'il leur échappe, ceux qui en furent revêtus, doit consoler leurs rivaux de n'avoir pas emporté sur eux le triste privilége d'une chute plus bruyante.

Pour apprécier les résultats des opérations d'un gouvernement, l'équité exige de ne jamais perdre de vue le point du départ : or au moment de son installation le Directoire exécutif, entouré de décombres, ayant tout à créer, devant traverser ce vide du passage des assignats au numéraire, pouvoit-il procurer au commerce des avantages bien prompts ? Si à ces difficultés réelles on veut joindre encore celles qu'apportoient à la marche du gouvernement les préventions réciproques des gouvernans et des gouvernés, croira-t-on que ce défaut de confiance fût bien propre à accéler les affaires ?

Les opinions divergentes manifestées par les membres du Directoire faisoient apercevoir dans cette autorité un ami et un ennemi pour chaque Français. Aussi personne n'accordoit-il son estime au Directoire réuni. Celui-

ti de son côté croyoit voir la Nation divi-
sée en deux partis, de royalistes et d'anarchistes ; il classoit dans l'un ou dans l'autre
tous les citoyens dont l'énergie ou le talent
lui portoient ombrage, et chacun interrogeant
son cœur, analysant sa conduite, la com-
parant à celle des hommes ainsi qualifiés,
chacun finissoit par se convaincre qu'il n'y
avoit réellement que deux partis dans l'État,
déterminés, l'un pour la république, l'autre
pour la monarchie, et que le parti mixte
que cherchoit à créer le Directoire n'existoit
pas. Alors le Directoire poursuivant toujours
sa chimère parloit de réunion d'anarchistes
et de royalistes ; plus clair-voyant il eût vu
un parti plus redoutable, celui des mécontens, qui, grossissant tous les jours, devoit
lui prouver enfin que, rejeté par tous, il devoit abandonner le gouvernail.

Cette erreur vicioit toutes ses opérations,
mais elle porta un coup plus funeste au commerce. Il avoit besoin de la réunion de tous
les Français, et leurs divisions ne cessoient
point ; il avoit besoin que de nombreux capitaux fussent mis en circulation, et chacun
tremblant pour sa sûreté personnelle, thésau-
risoit pour conserver des moyens de se sous-

traire aux actes arbitraires qui pouvoient à chaque instant le frapper.

La marine, comme dans les années précédentes, eut besoin de suppléer par son courage à tout ce qui lui étoit refusé.

Pendant qu'on disputoit dans les Conseils sur le maintien de la loi du 3 brumaire, c'est-à-dire, pour savoir si dans l'organisation de la marine on sépareroit la plume de l'épée, l'organisation ne s'effectuoit pas, parce qu'il n'existoit pas de lois organiques.

Notre commerce dans les colonies étoit interrompu : cependant dans leur dernière constitution les législateurs les avoient déclarées parties intégrantes de la République ; ils les avoit ainsi divisées :

Saint-Domingue, la Guadeloupe, Marie-Galande, la Désirade, la Martinique, la Gyuane française et Cayenne.

Sainte-Lucie et Tabago ; l'île de France, les Seychelles, Rodrigue et les établissemens de Madagascar.

L'île de la Réunion, les Indes orientales, Pondichéry, Chandernagor, Mahé Karical.

Avant de donner des lois à nos colonies, il falloit peut-être s'assurer si toutes étoient encore au pouvoir des Français ; et dans ce

cas ne falloit-il pas connoître si c'étoit bien
par ces lois que les colons français voudroient
être régis?

Les deux Assemblées constituantes se sont
réellement éloignées des principes d'égalité
de droits qu'elles avoient posés, lorsque dans
le fait elles ont laissé exister une inégalité
marquée entre les départemens de France et
ceux des Colonies. Si un seul département de
France avoit refusé ou retardé son acceptation
de la constitution, on n'auroit pas osé dire que
la République entière avoit donné sa sanction;
on eût différé de la mettre à exécution. Pourquoi les Colonies étoient-elles moins favora-
blement traitées? Les colons étoient-ils citoyens ou vassaux de la France? Pouvoient-
ils être liés par un pacte auquel ils n'avoient
pas consenti?

Avant que cette constitution eût été ac-
ceptée dans les îles, le Directoire, qui ne
tenoit son pouvoir que d'elle, pouvoit-il l'exer-
cel sur des points qui ne l'avoient pas encore
reconnue? Il le fit cependant.

Il s'empressa de nommer des commissaires
pour les deux Indes; il leur délégua des pouvoirs égaux aux siens. La Constitution d'alors
autorisoit-elle cette espèce de transubstan-

tiation ? Pouvoit-il communiquer son pouvoir directorial sans en rien perdre, comme la chevalerie que *Sancho* compare à une chandelle, qui, une fois allumée, peut en allumer mille, sans cesser elle-même de luire et d'éclairer ?

La reproduction est dans la nature. Le besoin physique de se multiplier n'est pas plus fort que le besoin moral qui fait desirer de créer.

Ces commissaires éprouvèrent les obstacles qu'il eût été facile de prévoir. Ceux de Saint-Domingue furent plus que les autres en butte aux calomnies des mécontens d'Europe, et aux ressentimens des colons d'Amérique. Ceux-ci retrouvoient parmi les commissaires deux citoyens déja célèbres par la part qu'ils avoient eue à l'exécution des lois sur la cessation de l'esclavage des hommes de couleur : peut-être que moins intéressés aux effets de cette révolution, les colons eussent senti que les chargés d'exécution d'une loi dont le principe est respectable, et dont l'application est impérieusement ordonnée, sont souvent plus à plaindre qu'à blâmer ; tel qui les accuse, s'il eût été placé dans la même situation, eût fait peut-être moins de bien et plus de mal.

Quoi qu'il en soit de la vie privée et des actes publics des citoyens *Sonthonax* et *Raimond*, ils vivent l'un et l'autre, ils peuvent répondre aux inculpations dirigées contre eux : mais leur collègue, le citoyen *Leblanc*, a péri dans la traversée ; ses amis doivent à sa mémoire de rappeler le bien qu'il fit.

Infatigable voyageur, philosophe sensible, *Leblanc* employa toute sa vie à se rendre utile : il perdit ainsi sa fortune et sa santé. Je connois des faits qui l'honorent, et rendent son souvenir cher aux amis de l'humanité ; un seul suffira pour le faire apprécier.

Leblanc, dans sa jeunesse, fuyoit la société et vivoit aux champs. Un jour il chassoit dans un bois éloigné de toute habitation ; des cris aigus et déchirans l'appellent ; il accourt, il voit une femme succombant sous les douleurs de l'enfantement. Mêler ses larmes à celles de cette infortunée, partager son désespoir, avertir par des cris vainement redoublés de la situation cruelle où il se trouvoit, tel est le foible secours que peut lui porter le sensible chasseur ; mais son cœur est si pénétré de cette situation intéressante, il se trouve si malheureux de ne pouvoir soulager les douleurs dont il est témoin, qu'aussitôt que la nature a consommé son ouvrage, *Leblanc*, tenant dans ses bras l'enfant qui vient de naître, à genoux, en présence du ciel, et devant cette femme si malheureuse, il jure d'acquérir assez d'instruction pour que, si jamais il se trouve dans cette rencontre pénible, il puisse du moins en diminuer l'horreur. Dès lors *Leblanc*, rentré à la ville, suit un cours complet d'accouchement. Jamais il n'eut d'occasion d'exercer ce talent; mais son esprit fut moins troublé par le souvenir d'une position où il lui avoit été impossible d'être utile.

Revenons aux commissaires de Saint-Domingue. Il est difficile de déterminer le mérite ou le vice des moyens employés à un si grand éloignement de nous, et dans des circonstances qu'il est impossible de bien connoître sur les rapports des partis opposés. Toutefois l'ordre parut un moment rétabli, les lois nouvelles furent adoptées. La colonie envoya des représentans; et par une inexplicable bizarrerie, le Directoire s'opposa à leur admission, sous le prétexte que les élections avoient été influencées par ses agens. Il sembloit qu'il leur fît un reproche d'avoir eu trop de succès dans la mission qu'il leur avoit lui-même confiée, ou que les principes du Gouvernement ne fussent plus ceux qui avoient dirigé le choix de ses agens.

Les Anglais, déja si jaloux de la possession de Saint-Domingue, redoubloient d'efforts depuis que la cession de la partie espagnole rendoit cette colonie si intéressante : ils tentèrent le siége de Léogane. Cette fois, les hommes de toutes les couleurs et de tous les partis se réunirent : l'Anglais fut repoussé.

Le cabinet britannique étoit sérieusement occupé de la sortie de deux escadres espagnoles, commandées par les amiraux *Solano* et *Langara* ; elles partirent de Cadix, réunies à l'escadre française commandée par le contre-amiral *Richery*.

Les matelots français se répandoient dans les ports d'Espagne, comme si les deux Nations n'avoient jamais eu de querelles ; ils y trouvoient appui et protection toutes les fois qu'ils les réclamoient.

Quelques marins français voyageoient dans le royaume de Murcie, où commandoit *Gaston Diriarte*, lieutenant-général très-âgé. Un matelot qui lui demandoit justice se prosterne à ses genoux. Le vieux militaire magistrat se laisse checir aussi vis-à-vis du matelot, et

lui dit : « Mon ami, puisque cette attitude
» te plait davantage, je m'y mets pour ta
» commodité; à présent conte-moi ton affai-
» re : ou bien, si cela ne te contrarie pas
» trop, lève-toi, asseyons-nous. » Le matelot se lève, aide au vieillard à en faire autant; ils s'assoient à côté l'un de l'autre, et
après avoir été entendu, le matelot obtient
justice.

Au moment où une autre flotte étoit prête
à appareiller, une funeste division met le
trouble dans les équipages ; ils refusent de
partir, et obligent le ministre de livrer les
chefs de la révolte à un jury maritime.

Le mal n'étoit pas seulement dans les équipages ; quelques officiers se montroient peu
dignes de servir la République.

Les préjugés du corps royal de la marine
parurent un moment renaître chez des hommes qui eux-mêmes, autrefois, étoient victimes de ces préjugés. Le ministre *Truguet*,
pour réprimer cet esprit destructeur du commerce, écrivit aux marins une circulaire qui mérite d'être conservée, et pour l'honneur du ministre républicain qui eut le mérite de la dic-
ter, et pour l'instruction des marins que l'on
voudroit égarer.

« Citoyens , disoit le ministre , j'apprends
» avec le dernier étonnement que l'honorable
» obligation , le devoir indispensable et sacré
» pour tous marins, de périr, s'il le faut ,
» pour sauver le convoi à la protection du-
» quel il est employé , comme dans un nau-
» frage un capitaine est tenu de sauver son
» équipage avant lui ; j'apprends, dis-je, que
» cette partie si essentielle de vos fonctions
» n'est point remplie de la part de quelques-
» uns d'entre vous.

» J'apprends même que dés commandans
» militaires osent se glorifier d'avoir échappé
» à l'ennemi en abandonnant et leur poste
» et leur convoi, c'est-à-dire, ce qu'ils devoient
» défendre jusqu'à la mort , sous prétexte
» qu'il importe davantage à la République
» de conserver sa marine militaire ; ainsi les
» préjugés tendent toujours à se mettre à la
» place des principes ; ainsi , du voile de la
» prudence se couvre souvent un défaut d'é-
» nergie.

» Eh ! que penseriez-vous de l'une de nos
» braves armées qui abandonneroit les ma-
» gasins de la République et se replieroit de-
» vant l'ennemi pour conserver quelques ré-
» gimens à son pays ? Ne voyez-vous donc

» pas que , loin de servir la République,
» en délaissant les vaisseaux du commerce
» pour sauver ceux de l'État, vous portez
» au contraire le coup le plus terrible à sa
» prospérité ? C'est comme si un homme se
» laissoit percer le cœur pour conserver son
» bras. Ce bras, citoyens, c'est la marine;
» le cœur, c'est le commerce.

» Mais devois-je m'attendre que j'aurois
» à vous rappeler le but de votre institution?
» Comment avez-vous pu oublier, vous, en-
» fans du commerce, que celui-ci est l'ame
» de la marine, qui n'a été créée que pour
» protéger le commerce matitime, ses vais-
» seaux, ses établissemens, comme la gendar-
» merie n'a été instituée et ne parcourt les
» grandes routes que pour défendre et con-
» voyer le commerce intérieur ? Et faut-il
» vous répéter que sans commerce il n'est
» pas besoin de marine ? Ce sont de ces vé-
» rités si connues, de ces principes si sim-
» ples, qu'il n'est pas permis de les ignorer,
» et encore moins de les mal interpréter:
» combien donc se sont rendus coupables
» ceux qui les ont méconnus!

» Marins, tout me fait un devoir, et cer-
» tes je le remplirai, de m'opposer de tou-

» tes les forces de l'instruction, et de l'auto-
» rité, à ce que les préjugés de l'ancienne
» marine contre le commerce ne se rencon-
» trent dans la nouvelle ; non, le systéme
» absurde et pernicieux de n'envisager le
» commerce que subordonnément à la ma-
» rine, ne sera point adopté sous un ré-
» gime républicain.

» Je vous engage, citoyens, à méditer avec
» d'autant plus d'attention les principes que
» je viens de vous exposer, que les récom-
» penses du Gouvernement ne vous seront
» accordées qu'en raison des services que
» vous aurez rendus au commerce, et croyez
» qu'alors je mettrai tout mon bonheur à
» vous les obtenir.

» Vos devoirs ainsi tracés, j'espère que vous
» ne vous permettrez plus de les commen-
» ter, et je vous ordonne, au nom de la
» loi, de sauver, avant tout, vos convois. »

Il est des hommes auxquels il suffit d'un
mot pour les rappeler dans le chemin qu'ils
ont paru quitter ; la lettre civique et pater-
nelle du ministre *Truguet* ramena facilement
ceux auxquels elle s'adressoit. Tous firent leur
devoir.

La frégate L'*Etourdie* escortoit un convoi de

huit navires qui entroit à Saint-Malo: attaquée par une escadre anglaise, après une résistance qui étonna l'ennemi même, après que le commandant et une partie de l'équipage eurent péri, ceux qui leur survivoient mirent le feu au vaisseau, et la plupart furent assez heureux pour gagner le rivage à la nage. Tandis que quatre vaisseaux du convoi se font aussi brûler, les autres s'échouent, et un seul tombe au pouvoir des Anglais.

Un convoi sur les côtes du Hâvre alloit tomber dans la flotte anglaise. La mer étoit haute; le commandant fait donner à toutes voiles sur les côtes hérissées de rochers; tous les bâtimens s'y brisent.

La chaloupe corsaire *le Goujon*, capitaine *Cortala*, conduisit au port de Vigo un bâtiment portugais, à trois mâts, armé de quatre canons et deux pierriers : elle l'avoit enlevé à l'abordage après en avoir été canonnée.

La corvette l'*Assemblée nationale*, plutôt que de se rendre à une frégate anglaise, vint échouer à l'entrée de la rivière de Tréguier. L'intrépide *Carouge*, qui la commandoit, fit conduire à terre son équipage. Il répondit à ceux qui le pressoient de les suivre : « Mon » devoir et l'honneur me forcent à ne sortir

» du vaisseau que le dernier. Sauvez - vous, » mes amis : moi je reste à mon poste ». La corvette est submergée avec ceux qui n'avoient encore pu sortir. Les Anglais tiroient à boulets rouges et à mitraille sur ceux de ces malheureux qui cherchoient leur salut dans la nage, et sur les embarcations qui essayoient de les recueillir. L'enseigne *Rougerie* fit de vains efforts pout conserver son capitaine. Il écrivit dans le procès-verbal de son naufrage : « Je l'ai tenu quelque temps par » les cheveux, et il s'étoit cramponné à une » de mes jambes ; mais s'apercevant qu'il foi- » blissoit, il a lâché prise, en me disant : Tu » périrois avec moi ; sauve - toi, mon ami ! » sauve-toi ! je ne veux pas être cause de ta » mort !... » Eh ! la France qui a de tels marins n'aura-t-elle pas une marine ?

La croisière de nos divisions dans l'Archipel fut marquée par d'horribles tempêtes et d'heureux succès. Des bâtimens chargés de piastres rentrèrent dans nos ports.

Les corsaires se signalèrent dans les combats qu'ils livrèrent, et enrichirent les armateurs. Ils eurent occasion de donner une preuve du respect des Français pour les savans, et de leur desir de concourir aux progrès des lumières.

Le voyageur anglais *Spillard* retournoit dans sa patrie après une absence de douze années, toutes employées à des recherches en Asie, en Afrique et dans l'Amérique septentrionale : deux fois arrêté par nos corsaires dans les parages d'Amérique ; deux fois, en le relâchant, on lui avoit montré le respect des Français pour sa personne et leur amour pour la science. Seulement les collections qu'il portoit, pouvant appartenir à son Gouvernement, on s'en étoit emparé. Sur sa réclamation, le ministre *Truguet* s'empressa d'écrire à tous les armateurs, pour les avertir qu'*une telle propriété se classe d'elle - même parmi ces objets que les nations civilisées sont convenues de respecter au milieu de leurs guerres*, et pour en ordonner la restitution à un savant qui l'avoit acquise avec tant de peine et à travers tant de dangers.

Cet intéressant voyageur étoit digne de toute la sollicitude du Gouvernement ; mais on a lieu de s'étonner de voir au même temps un autre Anglais, dans une situation très-différente, trouver un appui en France. Le commodore *Sidney-Smith*, commandeur de l'Ordre de l'Epée de Suède, avoit mouillé durant la nuit dans la rade du Havre. Attaqué par des bâtimens légers, il devint leur prisonnier : on le conduisit à Paris ; là renfermé au Temple, son évasion fut facilitée par des hommes qui demeurèrent impunis. *Sidney-Smith* a, dit-on, montré depuis de l'humanité : des Français lui doivent d'avoir vu cesser de mauvais traitemens. Si cela est, que *Sidney-Smith*, que tous les Anglais qui comme lui respectent les droits de l'humanité, cessent d'être nos ennemis !

On s'apercevoit de la nécessité d'encourager le commerce. Plusieurs millions furent mis à la disposition du Directoire pour aider les manufactures de soie, de laine et de toile.

Afin de relever nos fabriques de papier, on proposa de le comprendre dans les marchandises dont l'importation est permise.

Le Directoire, comme tous les exécuteurs testamentaires, interpréta souvent l'intention de la Convention.

Ainsi il obtint des Conseils une résolution donnant à ses commissaires près les tribunaux le droit de suspendre leurs réquisitoires et leurs conclusions jusqu'à ce qu'ils eussent appris du Directoire dans quelle situation il se trouvoit avec les puissances réclamantes.

Il fit aussi fixer devant quels tribunaux seroient portés les appels.

An 4.
Avril 1796.

Il sollicita même l'établissement d'un conseil des prises.

Mess. an 4.

Il signifia aux puissances neutres ou alliées, que le pavillon de la République en useroit désormais de la même manière qu'elles souffriroient que les Anglais en usassent à leur égard.

28 messidor
an 4.

Et bientôt après il ordonna aux commandans des forces maritimes de visiter les vaisseaux américains.

Ceux-ci avoient fait avec l'Angleterre, le 19 novembre 1794, un traité de commerce opposé à celui passé entre la France et les Etats-Unis, le 6 février 1778.

Dès-lors la réciprocité n'existoit plus, la neutralité étoit rompue; et si la République n'a pas traité les Etats-Unis en ennemis, elle a donné une preuve non équivoque de son desir de la paix.

Les Américains se tromperoient, s'ils attribuoient la longanimité du Gouvernement français à l'impossibilité où il étoit de réprimer une injuste agression. Notre marine, loin de redouter de nouveaux ennemis, voyoit ses forces augmenter.

D'après un message du Directoire, quarante-trois vaisseaux ou frégates étoient en mer ; cent cinquante corvettes ou bâtimens légers protégeoient nos côtes et notre cabotage ; quatre-vingts navires portoient des approvisionnemens à nos armées. Brest présentoit une activité inconnue depuis long-temps ; Toulon terminoit un grand armement, et Rochefort donnoit des preuves de tout ce que peuvent le zèle et l'intelligence réunis.

Si, d'un côté, *Eden* et *Thugut* lièrent leurs maîtres par un nouveau traité, dont un des articles contenoit la promesse d'intriguer auprès de l'empereur de Russie pour le déterminer à former une triple alliance ; d'un autre côté aussi, les succès étonnans de l'armée d'Italie avoient forcé le roi Sarde à implorer la paix. Il renonçoit à la coalition, comme à la Savoie et au comté de Nice, et ce traité auroit été maintenu si l'armée d'Italie n'avoit pas été désorganisée depuis.

L'embargo mis par les Espagnols sur les batimens anglais, et le séquestre apposé sur leurs marchandises et leurs créances, étoient l'annonce de la guerre qui éclata entre ces deux puissances.

Cet état de choses devoit inquiéter l'Anglais ; la force lui échappoit, il employa la ruse.

Une note officielle, datée de Westminster, demandoit au Directoire des passeports pour un envoyé chargé de pleins-pouvoirs pour négocier la paix. Les passeports furent accordés. Lord *Malmesbury* arriva à Paris, et entretint avec le ministre des relations extérieures un échange de notes qui peuvent être conservées comme modèles des grands riens diplomatiques. Cependant l'envoyé du roi d'Angleterre avoit bien saisi le caractère de *Charles Lacroix* ; et l'intrigue monarchique fit promptement disgracier ce ministre, qui, élève de *Turgot*, ne pouvoit pas devenir infidèle à ses devoirs et traître à sa patrie.

A travers tant de périls la République étoit parvenue à sa cinquième année, et cette année, commencée sous d'heureux auspices, sembloit devoir être remplie de grands événemens. L'armée d'Italie vérifia ces heureux présages ; mais la marine, toujours négligée, la vit s'écouler toute entière sans pouvoir seconder les efforts des troupes continentales.

Le commerce, dirigé par un faux système ou plutôt sans système, demeura livré à la merci des agioteurs et de quelques intrigans chargés de fournitures.

Les mandats territoriaux, dernière planche pour échapper à une ruine générale, ne furent réellement une ressource que pour les fripons et pour ceux qu'ils avoient mis dans le secret. La seule loi de protection fut celle qui prohiboit les marchandises anglaises.

Pour exécuter cette prohibition les lois sont insuffisantes : elle étoit du ressort de l'esprit public, et l'opinion alors étoit trop dépravée pour espérer quelque succès. Nos manufactures languissantes ne pouvoient remplacer les marchandises anglaises, et leur prohibition, en augmentant le prix, produisit un effet bien opposé à l'intention du législateur, celui de nous soutirer encore plus d'argent.

Si la course eût été encouragée, si notre marine n'eût pas été délaissée, ces marchandises eussent été saisies sur mer, au lieu de l'être dans les magasins ; la prise utile aux capteurs, utile à la nation, et privant tout à-la-fois l'Anglais d'un moyen de pomper notre numéraire, n'eût pas eu les inconvéniens de la saisie dans les magasins, saisie qui entraîne les faillites, désorganise le commerce, et ne s'effectue qu'après que notre numéraire est déja chez l'Anglais : disons encore que l'amour de l'indépendance chez les uns et chez les autres, celui des grands bénéfices, entretient cette contrebande qui démoralise ceux qui s'y livrent, sert de prétexte ou d'occasion aux correspondances avec l'Anglais, et alimente cette ville d'Hambourg, centre de toutes les fraudes politiques et commerciales.

Ce n'est pas que la prise des corsaires leur soit très-avantageuse : à leur rentrée on n'en autorise la vente qu'à la charge de leur réexportation ; les fraudeurs les achètent au quart de leur valeur, trouvent moyen de les soustraire à la condition de la réexportation, les vendent comme produit de leurs manufactures, ou bien les font payer aux Anglais, et emploient cet argent à s'en procurer d'autres pour satisfaire à ce goût anti-national, et font tourner contre nous-mêmes les effets de la prohibition, qui ne peut être maintenue que par un bon esprit public, et non par des lois dont la violation est si facile.

En exécution de la loi sur la prohibition des marchandises anglaises, le Directoire arrêta que les ports pour le départ ou l'arrivée d'Angleterre, seroient ceux de Dieppe et de

Calais : il imaginoit ainsi faciliter la surveil-
lance des personnes et des choses venant d'Angleterre ou destinées pour elle.

Plusieurs de ces arrêtés décéloient son inquiétude sur la probité des corsaires.

Celui du 3 prairial prescrivoit des mesures
pour empêcher le séjour des prises dans les
rades, et commandoit de les conduire dans
les ports, afin de prévenir des versemens frau-
duleux.

Pendant qu'ici nos assemblées faisoient des
lois contre les Anglais, aux Etats-Unis le
bill pour la suppression des relations commerciales avec la France avoit été adopté
par le sénat et par la chambre des représentans; et, malgré toutes les facilités qui leur
furent données, leurs envoyés à Paris ne
purent pas alors se concilier.

Les négociations de Rastadt commençoient,
la postérité aura peine à croire à leur horrible
résultat.

Les Hollandais s'étoient chargés de recon-
quérir le cap de Bonne-Espérance. L'amiral
Lucas, qui commandoit leur escadre, se rendit
aux amiraux *Ephinstone* et *Pringle* par capitu-
lation, et même, dit-on, sans combat.

L'amiral *Jervis* attaqua avec avantage la

flotte espagnole ; cet avantage, assure-t-on, ne fut dû qu'à la trahison. L'Anglais n'avoit été signalé qu'au moment où il n'étoit plus possible de se former en ligne pour le recevoir.

Au milieu du tumulte des armes, les sciences n'avoient point ralenti leur marche ; elles continuoient de faire des progrès. Le capitaine de vaisseau, *Baudin*, avoit fait don à la République d'une riche collection de plantes, et d'autres objets d'histoire naturelle. Cette collection étoit à l'île de la Trinité, alors espagnole, aujourd'hui anglaise : le capitaine *Baudin* fut lui-même chargé du commandement de *la Belle-Angélique*, pour porter son don en France. Il réussit.

C'est ce même capitaine *Baudin* qui entreprend aujourd'hui un voyage non moins hardi que ceux des *Anson* et des *Cook*, et qui montre à l'Univers que la France, occupée de sa régénération politique, n'a rien perdu de son goût pour les sciences.

Nos voisins les Espagnols manifestoient aussi leur desir de se rendre recommandables par des découvertes utiles. Deux capitaines espagnols avoient entrepris un voyage autour du monde sur les corvettes *la Découverte* et *la Subtile.* Don *Joseph de Battiamente* et don *Alexandre Malespina*, durant une navigation de six ans, s'étoient portés jusqu'au golphe de la nouvelle Zélande et de la nouvelle Hollande, et dans l'archipel connu sous le nom des *Iles-des-Amis*. Ils rentrèrent à Cadix, où ils s'occupèrent de la rédaction de leurs mémoires.

Les armateurs français, malgré les entraves qu'ils éprouvoient, aidoient la marine gouvernementale. Le corsaire *la Vengeance* ramena dans deux croisières trente-cinq prises.

Cependant *Surcouf*, capitaine du navire *l'Émilie*, avec dix-neuf hommes et deux pièces de canon, avoit attaqué et pris dans les mers de l'Inde le vaisseau *le Triton*, armé de vingt-six canons de douze et monté de cent cinquante hommes. Il avoit encore, dans le même voyage, capturé trois bâtimens chargés de riz; ce que les Anglais n'avoient pu défendre, les tribunaux de l'Ile-de-France voulurent le confisquer au brave *Surcouf*, sous le prétexte qu'il n'avoit pas de lettre-de-marque. Le Corps législatif, instruit par le Directoire, décréta, le 17 fructidor an 6, que l'on restitueroit à *Surcouf* et à ses braves camarades la valeur de leur prise, estimée 1,700,000 liv.

Le vieux *Lanzague*, octogénaire, de Saint-Jean-de-Luz, voit le corsaire *la Reprise* retenu dans le port, parce que son fils, qui devoit le commander, est dangereusement malade. Ce vieillard, doublement affligé de l'état de son fils et de l'inaction de l'équipage, s'offre pour le remplacer, monte son vaisseau armé seulement de deux canons, attaque un navire portugais armé de six, parvient à l'abordage, et s'en empare après un combat de cinq heures.

Le capitaine Wandezande, de Dunkerque, commandant le corsaire *le Prodige*, de quatorze canons et quatre-vingts hommes d'équipage, combattit pendant deux jours neuf vaisseaux marchands allant de conserve et portant quarante canons. Malgré qu'il ne lui restât à bord que vingt-huit hommes, et que son bâtiment fût percé de part en part, il prit ou détruisit cinq vaisseaux : un sergent renversé dans ses bras, refusa tout secours, parce que, disoit ce brave homme, il ne vouloit pas en priver ceux dont les blessures n'étoient pas mortelles comme les siennes.

Le Gouvernement fut instruit d'un fait qui mérite d'être ici consigné : il prouvera ce que peut entreprendre un Français las de l'oppression.

Sélis, chef timonier, *Thierry*, pilote-côtier, montoient la corvette française *la Bonne-Citoyenne*, quand elle fut prise à la hauteur du cap Finistère par quatre vaisseaux anglais. *Sélis* et *Thièrry*, indignés des rigueurs exercées contre eux à Petersfield où ils étoient prisonniers de guerre, s'échappèrent, et furent ramenés par des gardes-côtes au moment où ils saisissoient une barque pour gagner les rivages de France. Conduits à Botany-Bay, ils s'échappèrent, furent jusqu'à Douvres où on les reprit une seconde fois ; cette fois on les conduisit sur *le Lady-Hore*, vieux bâtiment, lieu de rassemblement des prisonniers destinés à *Botany-Bay* ; il portoit vingt-deux canons, cent vingt-huit hommes d'équipage ; et cinquante soldats conduisoient cent dix-neuf prisonniers. *Sélis* et *Thierry*, de concert avec six autres Français, gagnent trois Allemands et un Espagnol ; ces douze braves, déterminés à être libres ou à mourir, conçoivent et exécutent le hardi projet de se rendre maîtres du vaisseau.

Dans la nuit du 14 thermidor an 5, au dix-neuvième degré de latitude méridionale et au trente-sixième de longitude ouest, tandis que les prisonniers, l'équipage et l'escorte sommeillent, les Français pénètrent dans le panneau des soldats, enlèvent les armes suspendues à leurs lits, et à l'heure, au signal convenus, chacun court s'emparer du poste qui lui est désigné, avec ordre de donner la mort au premier qui feroit un mouvement de résistance : l'officier de quart et un caporal blessent mortellement un des Français, et tous les deux périssent en même temps. Les soldats, réveillés au bruit du feu, croient que tous les prisonniers sont insurgés ; le capitaine, frappé de plusieurs coups, tombe du pont dans l'entre-pont en criant, *rendez le bâtiment aux Français.* Tous mettent bas les armes : *Sélis* est proclamé capitaine, *Thierry* est son lieutenant ; ils débarquent les prisonniers sur les côtes du Brésil, et conduisent le bâtiment dans un port d'Espagne.

Heureuse la France si ses gouvernans eussent été aussi sages que ses soldats ! en présence de l'ennemi, et dans un temps où toutes leurs forces étoient nécessaires pour le combattre, ils s'affoiblirent par des divisions funestes et mirent la patrie en péril.

Une crise violente éclata : des membres du Gouvernement, d'autres du Corps législatif furent déportés à la Guiane. Quelle fut la

cause de ce bouleversement ? quels étoient les coupables ? étoient-ce les déportés ? étoient-ce les déportans ? Aucune forme tutélaire n'ayant été adoptée , tous les actes de cette journée étant arbitraires, chacun peut , au gré de ses passions, accuser ou absoudre ; il ne résulte de ce grand mouvement d'autre vérité que celle-ci : « Les gouvernans qui se mettent au-
» dessus de la loi, ont plus que les victimes
» de leur tyrannie à redouter l'opinion qui ,
» tôt ou tard , régit les Etats. »

Toutefois , soutenir qu'avant le 18 fructidor, aucun royaliste ne fût assis au gouvernement seroit une absurdité démentie par des faits trop peu éloignés de nous. La République périssoit : les citoyens, pour échapper à des massacres lâchement tolérés , s'ils n'étoient ordonnés , fuyoient leur patrie et cherchoient un asyle dans cette armée d'Italie , où un général victorieux les défendoit des outrages des lâches. Si le rappel d'un grand nombre des hommes frappés au 18 fructidor est considéré comme indice de l'innocence de ceux-là , la continuité de la proscription de plusieurs autres prouve donc que la mesure ne fut pas injuste envers tous. Au surplus, je le répète , rien de cela n'est ni a la charge des accusés, ni à la justification des accusateurs. Si l'oppression des républicains, avant le 18 fructidor, a provoqué un changement, l'oppression croissante après en nécessitoit une seconde ; les directoires premier, second et troisième, eurent tous également le tort de persécuter alors qu'ils étoient appelés à fermer des plaies ouvertes à d'autres époques.

Le reste de l'an 5 fut tout entier employé au partage des dépouilles. On étoit trop occupé d'influencer les élections du peuple ; il falloit trop d'argent pour corrompre les agens employés à ces infames missions, pour qu'il restât aucun moment, aucun fonds pour encourager le commerce et entretenir notre marine.

An 6. Au milieu des troubles qui les agitoient eux-mêmes, les Conseils s'occupèrent encore très-inutilement des troubles de Saint-Domingue, et de l'admission des députés des colonies. Ces discussions ne servoient qu'à irriter davantage les partis opposés. Portées au-delà des mers, elles devenoient l'occasion de malheurs nouveaux et toujours croissans.

Le général *Rochambeau*, déporté arbitrairement de Saint-Domingue, renfermé arbitrairement, à son arrivée, au château de Ham, avoit, toujours arbitrairement, été mis en liberté. Il demanda qu'on le mît en jugement. Dans aucun pays du monde les gouvernans n'ont, comme se l'étoient arrogé ceux de France, la facilité d'incarcérer un citoyen, et de le mettre en liberté, sans qu'aucune forme tutélaire puisse lui donner, à lui la satisfaction de prouver son innocence, et à la société celle de s'assurer qu'on ne rejette pas un coupable dans son sein. Cette manière est commode pour faire planer le soupçon sur la tête de son ennemi; mais elle est tyrannique.

Sur le rapport d'*Eschassériaux*, le Corps législatif se détermina à faire enfin jouir les colonies des lois constitutionnelles. Le Directoire fut autorisé à envoyer de nouveaux agens; ces agens devoient être chargés, d'après la demande d'*Eschassériaux*, de faire des réglemens de culture, qui comprendroient les obligations des propriétaires avec les cultivateurs, et de ceux-ci avec les propriétaires; les moyens d'éducation des enfans, de subsistance des vieillards et des infirmes, et l'organisation d'une gendarmerie à pied et à cheval, pour veiller à la sûreté des propriétés rurales, arrêter les vagabonds et maintenir la tranquillité publique. Les fugitifs qui n'avoient point trahi leur patrie, trouvoient la facilité d'y rentrer; ceux dont les biens avoient été séquestrés en recouvroient les revenus. Les enfans qui se distinguoient dans leurs études devoient être tous les ans, sans distinction de couleur, amenés en France pour y être élevés aux frais de la République, et reporter dans nos colonies l'instruction, sans laquelle il seroit difficile d'y étendre les bienfaits de la liberté. Cette loi, rendue plutôt, ou seulement exécutée ponctuellement à cette époque; cette loi auroit conservé nos colonies, et cicatrisé toutes les plaies que leur fit la main de l'étranger.

En Europe les conférences entamées à Seltz se terminèrent sans avoir rien produit.

Le congrès de Lille ne fut qu'un prétexte pour le roi d'Angleterre d'adresser aux puissances étrangères un long manifeste sur les contrariétés qu'il prétendoit éprouver dans son desir de pacifier le monde, ce qui, dans son style, est synonyme d'*asservir*.

Les négocians de Paris offrirent, au nom

de tous ceux des autres places, de faire les avances nécessaires à l'expédition d'Angleterre. Un emprunt de quarante millions fut ouvert. Une circulaire du ministre des relations extérieures prescrivoit à tous les agens diplomatiques de redoubler d'efforts pour exciter les peuples à s'émanciper enfin, et à affranchir l'Océan. Un message invitoit le Conseil à déclarer que désormais aucun pavillon ne garantiroit les propriétés anglaises, et que, malgré la neutralité des bâtimens, la cargaison ennemie seroit de bonne prise.

L'enthousiasme eût été plus grand, si le Gouvernement ne l'eût comprimé. On vit des fonctionnaires abandonner leur traitement et des enfans demander à partager les périls de l'expédition.

Un pauvre ouvrier, blessé dans une rixe suscitée par les partisans de la monarchie, demanda à s'enrôler pour l'Angleterre, il fut refusé ; il courut vendre la couverture de son lit : « O ma patrie dit-il, en en portant le » prix, ô ma patrie ! il me reste encore cette » foible somme à t'offrir ! Tes lâches enne-» mis m'ont mis hors d'état de te consacrer » mes forces, et le sang qui coule encore » dans mes veines ! »

Le récit des horreurs exercées contre nos prisonniers détermina à leur accorder des secours. Entassés dans des cachots étroits, sans air, et où filtroit un eau fétide ; couchés sur une paille qui n'étoit plus qu'un fumier infect, s'ils témoignoient du dégoût pour la nouriture malsaine qu'on leur donnoit, on cessoit d'en distribuer aucune ; si un seul murmuroit, on faisoit feu sur tous. Le commissaire *Wit*, foulant insolemment aux pieds le cadavre d'un Français ainsi tué, disoit d'un ton froidement moqueur : *ce n'est rien, ce n'est qu'un Français ! ! !* Une femme accoucha au milieu d'une cour, et laissée sur le pavé, ses cris perçans déchiroient le cœur des malheureux prisonniers qui ne pouvoient lui donner aucun secours. On les vit se disputer la chair sanglante d'un chien trouvé mort. Voilà ce que les Anglais ont fait aux Français, et ils auroient des partisans en France !

Enfin le vœu fortement prononcé de la nation fut entendu ; on se détermina à attaquer l'Anglais dans ses foyers. Hoche reçut du ministre *Truguet* tous les moyens d'exécuter un plan de descente en Irlande, qu'il avoit conçu depuis 1792 ; mais, quand il voulut

les employer, combien d'entraves ralentirent
sa bouillante ardeur ! On crut, en détruisant
le chef de l'expédition, détruire aussi son
projet, et le fer et le poison menacèrent ses
jours. Échappé à l'assassinat et à une maladie grave, il eut à lutter contre toutes les
résistances ; aux obstacles réels qu'il avoit
surmontés, on faisoit succéder des prétextes
ridicules. « J'oserois presque répondre, écrivoit-
» il de Rennes, qu'avant un mois on nous
» assurera qu'il n'y a pas d'eau dans la mer ».
Enfin la flotte, dans les meilleures dispositions,
s'éloigne de nos côtes, et porte vers l'Irlande quinze mille braves déterminés à assurer l'indépendance des Irlandois ou à périr
avec eux ; mais bientôt les vents dispersent
nos vaisseaux ; celui que monte le général,
séparé par la tempête, se présente vainement pour débarquer. Vainement les
malheureux Irlandois soupirent après leurs
libérateurs ; ceux - ci battus par les flots, et
par - tout en péril de tomber dans les croisières des Anglais, ont bien de la peine à
rentrer dans nos ports. *Hoche* oubliant les
dangers auxquels il vient d'échapper, est plus
que jamais déterminé à l'exécution de son
projet ; il vient solliciter du Gouvernement

des moyens qu'on ne peut ou qu'on ne veut
pas lui donner ; et cet élan comprimé par
tous les agens de l'Anglais ne produisit plus
que l'expédition hardie, mais trop dangereuse, que commanda le jeune et intrépide
Humbert, l'ami, le compagnon de *Hoche* :
avec une poignée de Français, ce général
fit des choses si belles, il inspira tant d'inquiétude, que dans toute l'Angleterre on mit
en mouvement ce que l'on avoit de troupes.
Si le succès ne couronna pas une entreprise
que le Gouvernement n'avoit pas suffisam-
ment secondée, elle prouva du moins la
facilité de faire plus avec d'autres moyens;
elle couvrit de gloire les Français qui osèrent
en courir les hasards.

Le chef de division *Savary*, parti de Rochefort, débarqua à Kilala en Irlande.

Si le chef de division *Bompart*, qui avoit
sorti en même temps de Brest pour porter
le général *Hardy*, n'eût pas été retardé par
le refus que l'on fit des fonds nécessaires,
peut-être aujourd'hui l'Irlande seroit libre.

Trois Irlandais faits prisonniers furent con-
damnés à mort : trois grenadiers français,
aussi prisonniers, mais compris dans un cartel
d'échange, arrachèrent au supplice ces inté-

ressans Irlandais en se substituant à eux dans la prison ; les Irlandais arrivèrent dans nos ports, et les trois généreux grenadiers, *Dufai*, *Gruer* et *Callais*, demeurèrent dans les fers, exposés à tous les ressentimens de l'Anglais.

Les Anglais, cette année, conçurent, mais n'exécutèrent pas un vaste projet. Ils vouloient, maîtres d'Ostende, détruire les écluses, dévaster ces contrées, et faire périr dans les eaux les habitans qui échapperoient au fer.

Une flotte nombreuse porte sous les murs d'Ostende les troupes d'élite de l'Angleterre ; quatre mille hommes commencent le bombardement de cette place, et, en la sommant de se rendre, ils ne lui accordent qu'une heure.

La garnison étoit de trois cents Français. *Muscar* les commandoit ; il répond à la sommation : « Les Anglais n'auront le poste dont » la défense m'est confiée que quand la gar- » nison et moi nous serons ensevelis sous ses » ruines. »

Les Anglais, si assurés du succès, furent bientôt dispersés par *Keller*. Sorti de Bruges à la tête de trois cents hommes, après avoir tué tout ce qui résista, il fit mettre bas les armes aux autres.

La flotte hollandaise, commandée par le

vice-amiral Winter, attaquée par celle de l'amiral *Duncan*, après une inutile résistance, tomba toute entière au pouvoir de l'Anglais.

Les marins français continuèrent de lutter contre tous les obstacles. On connoît la belle défense du citoyen *Lheritier*. Il commandoit le vaisseau l'*Hercule* : attaqué par quatre vaisseaux anglais, il résista contre toute espérance, et ce ne fut qu'après avoir été lui-même blessé, après avoir eu quatre-vingt-dix hommes tués et cent vingt-cinq blessés, qu'il rendit son vaisseau hors d'état de continuer la manœuvre, et déja en feu.

On ne peut assez publier la conduite de la frégate *la Seine* ; elle revenoit de l'Ile-de-France. La force de son équipage, composé de détachemens du cent sept et du cent huitième régimens, étoit de six cents hommes ; elle portoit quarante canons. Elle avoit échappé à tous les périls ; déja elle apercevoit la terre de France, lorsque, chassée par trois frégates anglaises à la hauteur de l'île d'Yeu, elle en reconnoît trois autres qui étoient mouillées entre cette île et la terre. Le combat s'engage ; *la Seine* se bat comme se battent les Français. Mais dans l'impossibilité de résister plus long-temps, et ne voulant pas tomber au pouvoir des Anglais , après une nuit entière de combat, elle s'échoue sur les côtes de la Vendée ; et une des frégates anglaises s'échoue à la portée du pistolet : le combat continue ; une seconde et la troisième aussi ne tardent pas à venir partager la gloire de se battre trois contre un. Malgré l'acharnement de l'ennemi, les prodiges des Français , leurs efforts redoublés aux cris souvent répétés de *vive la République* , rendent long-temps la victoire incertaine ; enfin ils ont l'honneur d'envoyer les derniers coups , et n'abandonnent qu'une misérable coque aux trois frégates anglaises , dont l'une est ouverte et les deux autres sont hors d'état de tenir la mer.

Il est doux , en citant les faits honorables pour les marins , et glorieux pour l'État qui a de tels défenseurs , il est doux de pouvoir rappeler la conduite héroïque d'un de ces hommes qui par état appartenant moins à une armée qu'à l'humanité toute entière , sont moins accoutumés à développer ce genre de courage qui fait braver les périls des combats.

Le citoyen *Sarrou* étoit officier de santé à bord du corsaire *le Voltigeur.* Ce corsaire , célèbre par son audace et ses succès , ne crai-

gnit pas d'attaquer une frégate anglaise ;
forcé par la supériorité de l'ennemi, il fallut
se rendre. L'officier de santé, moins resserré
que les prisonniers, avoit plus d'occasions
d'observer la conduite des Anglais devenus
maîtres du bâtiment : indigné de leur mauvaise conduite, il se détermine à leur arracher leur prise. Il fait parvenir aux Français
à fond de calle des linges et de la charpie.
Quatre hommes vigoureux s'enveloppent les
jambes, et, d'après le conseil du brave chi-
rurgien, demandent à monter au pansement ;
ils ne sont pas plutôt arrivés sur le pont, que
Sarrou désarme le capitaine de prise. Les
quatre Français se battent avec tant d'impé-
tuosité, que les Anglais, effrayés, se sauvent
au fond du vaisseau ou se précipitent dans
la mer : vainement la frégate anglaise se
rapproche, le corsaire est déja hors de sa
portée et se réfugie dans la baie d'Audierne.

Accuser l'officier de santé d'avoir oublié
les lois de la guerre qui ne lui permettoient
pas d'abuser de la confiance qu'inspiroit son
état, seroit essayer d'altérer l'éclat d'un acte
de valeur. Sans doute les usages des nations
rendent ces officiers passifs : mais là où les
lois de la guerre étoient méconnues, là où

l'humanité étoit outragée, restoit-il quelque lieu qui pût s'opposer au mouvement d'indignation de l'officier de santé, témoin des violences exercées contre ses compatriotes?

Cette année fut encore marquée par une des expéditions les plus hardies.

L'armée d'Orient venoit de se former de l'élite de celle d'Italie, son général la commandoit : les mers portèrent ces héros sur une terre qui, dans d'autres temps, ravagée par nos pères pour des préjugés religieux, alloit recevoir des Français la liberté. L'oppression des Beys devoit finir : l'occupation de Malte, celle du Caire, celle d'Alexandrie n'étoient que le prélude de projets plus vastes.

Les braves, dans le développement de leurs plans, n'aperçoivent d'autre opposition que celle de la force. Les moyens d'intrigue ne leur sont point familiers, ils ne soupçonnent pas la trahison. Ils ne tardèrent pas à se repentir de leur loyauté.

A peine le débarquement s'étoit effectué à Alexandrie, l'escadre, mouillée sur la côte de Begaires, se disposoit à faire son retour en France quand elle fut attaquée par l'escadre anglaise. Le combat fut soutenu de part et d'autre avec opiniâtreté.

Pendant l'action le vaiseau Amiral brûla, d'autres coulèrent bas, d'autres échouèrent sur la côte après avoir perdu tous leurs mâts, ou restèrent sur le champ de bataille totalement désemparés. L'amiral *Brueys*, blessé à mort, ne cessa de commander qu'en cessant de vivre ; le fils du capitaine *Cazabianca*, jeune enfant, périt sur le corps de son père. Jamais les Français n'avoient paru sur les mers plus courageux, plus grands et plus dignes d'un meilleur sort.

On a diversement parlé et écrit sur cette expédition. L'historiographe qui chercheroit dans les écrits du temps à asseoir son jugement, courroit risque de présenter à la postérité, au lieu de l histoire d'un fait impartial, celle des passions des contemporains. Les uns ont tout blâmé par haine du Directoire qui paroissoit avoir conçu ce plan , et par envie du général chargé de l'exécution ; d'autres au contraire ont loué outre mesure , non parce qu'ils avoient la conviction de l'utilité du projet , mais seulement parce que louer étoit moins dangereux pour eux. Dans cette divergence d'opinions l'écrivain impartial doit s'affranchir de la règle de la multitude qui , s'attachant toujours aux effets , néglige trop les causes qui les produisent. Certes, en reportant ses regards sur la situation de la France et de l'Angletterre, au moment où nos flottes portèrent l'élite de nos armées sur des plages lointaines, mais qui récéloient les forces et la richesse de l'Anglais; certes, on seroit trop injuste, si l'on ne convenoit que cette diversion terrible auroit pu bouleverser le système des puissances belligérantes, et porter l'épouvante et le trouble dans cette île orgueilleuse dont le commerce, frappé au cœur, auroit bientôt demandé la paix pour échapper à sa destruction.

Dans des plans aussi vastes le succès de l'exécution est lié à trop d'événemens pour que celui qui les conçoit puisse les enchaîner tous. Le concours des volontés est hors de son pouvoir; l'action de ceux qu'il commande, influencée par lui, prend néanmoins quelquefois une direction qui, ostensiblement conforme au mouvement imprimé, tend à un but diamétralement opposé. Dans la politique et à la guerre le triomphe ou la chute ne sont pas toujours des effets nécessaires d'une cause posée. La question en pareille matière doit se réduire à ces termes : Le plan étoit-il susceptible de succès ? s'il l'étoit, par quel motif ne l'a-t-il pas obtenu ? Ces motifs sont-ils honorables pour les vainqueurs ? et pour les vaincus, sont-ils honteux ?

En appliquant cette théorie à l'expédition d'Égypte, la solution de la première question, celle de la conception de ce plan hardi, est toute à l'avantage de la France. Les Anglais dans le temps en ont eu la conviction; mais par quel motif a-t-on échoué ? Trois parties concouroient à l'exécution, la marine, la guerre et la diplomatie. Personne, je crois, n'accuse les deux premières : les rivages d'Aboukir furent témoins des prodiges de nos marins, et le souvenir de la gloire de nos guerriers durera autant que l'Égypte. Mais la diplomatie que fit-elle ? Peut-être ce qu'il convenoit de faire. La loyauté française ne permettoit pas de douter de la bonne foi des alliés. Naples venoit tout récemment encore de recevoir des gages nouveaux de la durée des traités. Notre ambassadeur en avoit renouvellé la promesse, celui de Naples répétoit les mêmes sermens. En douter eût été de part et d'autre un outrage à la foi publique. Jamais le sultan ne nous avoit montré autant d'estime. Jamais nous n'avions d'une manière plus signalée manifesté notre desir d'entretenir nos bonnes et anciennes relations. Londres, qui désespère de nous vaincre par les armes, sème par-tout au-devant des Français l'or et la corruption. Au mépris des traités, nous sommes livrés à notre plus cruel ennemi. Nos flottes saluent Naples et la Sicile comme amis de la République, et Naples et la Sicile donnent asyle à *Nelson*. Cette victoire d'Aboukir, fruit de la corruption, qu'a-t-elle donc qui puisse exciter l'envie? Vaincus par excès de loyauté, ne sommes-nous pas plus grands que le vainqueur?

Si enfin on examine les résultats de cet événement et leur influence sur l'avenir, quel peuple ne s'empressera de rechercher l'alliance d'un État qui, averti de l'importance de violer ses traités avec Naples, certain du danger imminent que courroient ses flottes et ses armées si cette cour étoit infidèle, s'expose à tous les périls plutôt qu'à la honte de ne pas remplir ses engagemens? Et si les puissances qui redoutèrent notre approche, veulent considérer aussi ces résultats sous les rapports qui leurs sont relatifs, que gagne donc le sultan à voir l'Anglais occuper l'Égypte pour en avoir refusé le passage aux Français? que gagneront les puis-

sances barbaresques à la destruction de Malte ?
Les chevaliers les inquiettoient, les Anglais
les battront. Les chevaliers ne faisoient point
de commerce, les Anglais en feront et em-
pêcheront les autres d'en faire. Concéderoit-
on cette île à la Russie ? Malheur à elle, si
l'imprudente accepte ce funeste présent ! Trop
maîtresse du commerce du Levant, elle atti-
reroit sur elle la jalousie anglaise, à présent
portée sur nous. Quelqu'un l'a dit : les oran-
ges de Malte vont devenir, pour la coalition,
des pommes de discorde ; elles donneront
la mort à ceux qui oseront s'en emparer.

Le reste de l'an 6 ne présente aucun événement important pour la marine : seulement
la législation éprouva quelques changemens.

Les départemens réunis obtinrent neuf tribunaux de commerce.

Le décret du 5 vendémiaire défendit aux
corsaires de relâcher leurs prisonniers dans
des ports étrangers.

L'ordonnance se taisoit sur le partage à
faire du droit de sauvetage, lorsqu'il s'exerce-
roit sur des propriétés ennemies ; les Conseils
décidèrent que les deux tiers appartiendroient
aux marins, et que l'autre, déduction de tous
frais, seroit versé dans la caisse des invalides.

Le tribunal de cassation reçut une attri-
tion nouvelle. Les Conseils décrétèrent que
les opposans aux jugemens rendus en matière
de prises maritimes, pourroient se pourvoir à
ce tribunal qui casseroit, s'il y avoit lieu, et
renverroit les parties devant le tribunal qui
devroit en connoître.

De prétendus neutres, trop favorisés par
quelques tribunaux, avoient, en éloignant
leur propriété, rendu nul le pourvoi en cassation des armateurs. Les Conseils, stimulés par
un long rapport du Directoire, assujétirent les
neutres à fournir caution pour l'exécution des
jugemens définitifs, avant l'expiration du délai pour le pourvoi en cassation.

Les Conseils, en déterminant les délais
pour l'instruction et le pourvoi en cassation,
avoient sagement décidé que le rejet ou l'admission du mémoire seroient jugés dans la
décade de sa remise, et que le jugement
définitif seroit rendu dans la décade qui sui-
vroit le délai de la citation.

Toutes les affaires sont instantes. La célérité dans la distribution de la justice est le premier devoir des tribunaux; mais ce devoir est
bien plus grave, quand à l'intérêt particulier
se réunit le salut public.

On soupçonnoit le pavillon des Etats-Unis de servir à la navigation anglaise. A l'interdiction des ports de Brest, l'Orient, Rochefort, Toulon et Dunkerque, on joignit celle du Havre.

Un embargo fut mis le 8 ventose sur les bâtimens particuliers armés en course; l'inquiétude alors devint générale : les armateurs ruinés par des avances énormes, furent poursuivis avec d'autant plus de rigueur, qu'on n'espéroit plus aucun succès de leurs entreprises.

Cet embargo fut levé le 26 du même mois, mais l'arrêté qui le levoit contenoit l'expression *provisoirement*; il défendoit d'ailleurs aux corsaires d'employer à leur bord aucun des hommes compris dans l'inscription militaire.

Si les opérations exigeoient de réunir tous les moyens maritimes, au lieu de repousser ainsi les corsaires, n'eût-il pas été plus utile de les réunir, et de les faire concourir à l'exécution des projets du gouvernement?

Dans le cours de l'an 6, les Helvétiens, oubliant les torts de quelques Français, pour ne se souvenir que de leur ancienne amitié, assurèrent le bon voisinage par un traité d'alliance offensive et défensive.

Le Portugal entendoit parler d'une expédition. Un envoyé extraordinaire de cette cour, sous prétexte de faire la paix, arriva à Paris, pour examiner s'il avoit réellement à craindre la guerre.

Cependant la marine éprouva, dans son organisation, un changement desiré. Les travaux hydrauliques des ports, organisés en trois divisions, formèrent une direction particulière dans l'administration, et notre commerce intérieur reçut un accroissement d'industrie par la réunion de Genève, qu'opéra le commissaire français *Félix Desportes*, malgré des intrigues ourdies dès long-temps et habilement conduites, pour priver la France et Genève des avantages de leur association.

Les relations commerciales dans l'intérieur étoient menacées d'être tout-à-fait interrompues par le pillage des voitures publiques et l'arrestation des voyageurs; on ne pouvoit plus parcourir les routes sans des risques certains pour sa fortune et pour sa vie.

Des lois contre le vagabondage et la mendicité furent enfin proposées; mais, pour prévenir le vagabondage et la mendicité, les lois sont insuffisantes. C'est la misère, cette lèpre des Etats, qu'il faut extirper. La répa-

An 7.

ration des routes, les landes à défricher, les canaux à creuser, les ateliers à alimenter, présenteront des travaux aux mendians valides ; alors les autres recevront des secours à domicile, et le vagabondage n'aura plus lieu.

Le ministre de la marine reçut la nouvelle du glorieux combat de la *Bayonnaise*.

Cette corvette, commandée par le lieutenant *Edmond Richer*, revenoit de Cayenne : elle n'étoit qu'à trente lieues des côtes de France, lorsqu'elle fut attaquée par la frégate anglaise l'*Embuscade* de 42 pièces de canon, dont 26 de 16 en batterie, 8 de 8 sur les gaillards, et 6 obusiers de 36.

Après trois heures de combat, l'équipage demanda l'abordage ; dans le choc des bâtimens, le mât de misène tombe sur le gaillard de la frégate et présente une espèce de pont sur lequel nos marins se précipitent pour passer à bord de l'ennemi ; le brave *Richer* a le bras fracassé dans le combat, tous se montrent Français. En moins d'une demi-heure, ils sont maîtres de la frégate. La *Bayonnaise* ayant perdu tous ses mâts, étoit hors d'état de naviguer : l'équipage monte sur la frégate anglaise qui, soumise, conduit à la remorque

son vainqueur jusques dans le port de Rochefort.

Ce combat avoit montré ce que pouvoit
la marine de ligne, celle du commerce ne
tarda pas à suivre un si bel exemple.

Les corsaires français *le Furet*, portant 4
obusiers de 12, capitaine *Fourmentin*, et le
Rusé, capitaine *Audibert*, ayant 8 canons de
3, avoient attaqué, sur les côtes d'Angleterre, un gros bâtiment qu'ils croyoient armé
en guerre et chargé de marchandises. Le feu
étoit commencé, lorsqu'ils reconnurent qu'ils
s'étoient engagés avec une corvette armée de
18 canons de 18 en batterie, et de 4 obusiers
de 18 sur les gaillards.

L'engagement fut terrible : en quelques
minutes, le capitaine *Fourmentin* est tué, vingt
hommes de son équipage sont blessés, et
le *Furet* désemparé ne peut plus prendre part
au combat. *Audibert* seul combat la corvette
pendant plus d'une heure. Déja les Français
se préparoient à sauter à bord, lorsque le feu
qui se manifeste sur la corvette les force
à l'abandonner.

Le Directoire avoit ordonné de traiter
comme pirates les neutres ou alliés qui seroient pris porteurs d'une commission donnée

par les ennemis de la République, ou faisant partie des bâtimens ennemis.

La crainte des représailles fit adoucir cette mesure ; elle se réduisit, le 24 brumaire, à une invitation aux neutres ou alliés de rappeler leurs compatriotes embarqués sur bâtimens ennemis.

Ceux qui n'osoient attaquer la loi du 29 nivôse, se retranchoient sur l'époque de son application. Il étoit important, disoient-ils, de ne pas froisser les intérêts des neutres ; ils se taisoient sur ceux des Français. Cependant les Français avôient armé en course, d'après l'appel que leur faisoit cette loi : elle étoit leur traité, leur garantie. Sans elle, plusieurs n'auroient pas tant osé.

Les Conseils décidèrent qu'elle avoit dû être exécutée du jour de son insertion au bulletin des lois.

Alors le Directoire fut obsédé par tous les ennemis de l'armement en course ; on lui arracha un message aux Conseils. Certes on a droit de s'étonner d'entendre la première autorité avouer, dans son message, que les corsaires ont paru être la seule partie agissante de notre marine, et cependant en craindre les succès, en conseiller la réforme, et après de virulentes déclamations, laisser apercevoir que son but est d'obtenir un changement dans notre législation, et faire ajouter à ses immenses attributions le jugement des prises.

Ce message fut cependant suivi d'un arrêté portant invitation aux corsaires de courir sur les vaiseaux du dey d'Alger, et sur ceux des corsaires de Tunis et Tripoly, auquel, par une nouveauté jusques-là sans exemple, on faisoit une déclaration de guerre dans les formes.

Tout ce que l'on voyoit étoit affligeant, et les nouvelles que l'on recevoit étoient toujours désastreuses.

La Hollande fut au moment d'être submergée, les digues foiblirent en plusieurs endroits, et ailleurs les eaux s'élevèrent plus haut qu'elles ; et ce pays, où toutes les forces physiques et intellectuelles de l'homme disputent à cet élément terrible une demeure qui lui fut arrachée, étoit digne de pitié.

Rien ne se terminoit à Rastadt, le nouvel électeur de Bavière manifestoit des dispositions inquiétantes. Le général *Bernardotte* fut chargé de s'emparer de Manheim, et pour prévenir les Autrichiens ; il forma une ligne le long du Necker.

Le Directoire annonça l'intention de rétablir avec Saint-Domingue les relations du commerce momentanément suspendues ; du moins une circulaire du ministre de la marine en donnoit l'assurance aux négocians.

Le resserrement du numéraire avoit nécessité une émission de papiers de confiance : la caisse des comptes courans, réunion des négocians les mieux famés et les plus propres à conserver les débris du commerce de France, avoit fait ce que ne pouvoit faire le Gouvernement. Le caissier, Louis *Monneron*, frère de ces *Monneron* déja si malheureux à d'autres époques, faillit être victime de son zèle ; cependant une décision unanime du jury d'accusation rendit l'honneur à ce citoyen, et la tranquillité aux actionnaires de cette caisse, dont le mouvement est le dernier levier des transactions, et la ressource unique contre l'égoïsme et la malveillance de quelques capitalistes.

L'assassinat de nos ministres à Rastadt détruisit toute espérance de paix : un manifeste à tous les peuples et à tous les gouvernemens porta par-tout des cris de vengeance : on voua à l'exécration les gouvernemens anglais et autrichien. Tous les deux, sans doute, s'empresseront dès les premières propositions de paix de faire rechercher et punir les coupables : cet affreux mystère n'a pas été renfermé dans les tombes de nos envoyés.

La flotte de Brest, après avoir fait quelques prises devant Malaga, avoit été forcée par la tempête à entrer à Toulon. Celle commandée par l'amiral *Saint-Vincent* s'étoit réfugiée dans la rade de Gibraltar. Une flotte espagnole, plus imposante, sortit de Cadix, sous les ordres de l'amiral *Mozarredo*.

Aux Indes un engagement eut lieu entre une corvette anglaise de douze canons et un bâtiment suédois de dix ; le suédois se refusoit à la visite des papiers de bord : la corvette anglaise fut percée de plusieurs coups à fleur d'eau et coula.

Un *conclusum* des trois Colléges de l'Empire déclara la continuité de l'état de guerre.

Le roi de Prusse annonça au contraire aux cours coalisées qu'il persistoit dans sa neutralité.

Celui d'Espagne répondit avec dignité au manifeste de l'empereur de Russie, qui vouloit le détacher de la France.

La peste désoloit Maroc : les morts res-

roient dans les rues, privés de sépulture;
la contagion s'étendoit par-tout : ceux qui,
échappés à une mort certaine, fuyoient sur
la côte de Guinée, portoient la peste jusqu'aux confins du désert. Ce fléau qui rendoit les relations des puissances barbaresques
si dangereuses, donna cependant au roi
d'Espagne la facilité d'insérer dans un traité
de commerce et de navigation des conditions utiles à la civilisation de l'Afrique.

En France, une peste morale menaçoit
le corps politique d'une dissolution prochaine.

Les longues réactions, les malheurs multipliés de l'État et des familles avoient arrêté
cet élan national qui repoussa de notre territoire tous les rois conjurés contre notre
liberté ; le père qui, dans d'autres temps,
auroit lui-même conduit son fils sous nos
drapeaux, craignoit de le laisser courir des
hasards pour la défense d'une cause qu'on
s'efforçoit de lui rendre étrangère. Dans cet
affaissement de l'esprit public on crut qu'une
conscription militaire générale, et basée sur
l'obligation égale pour tous de défendre la
patrie, obvieroit aux désertions et complet-
teroit nos cadres abandonnés. Les opposi-

tions déceloient trop la crainte de voir la République saisir pour sa défense un moyen qui, parce qu'il étoit impraticable chez les rois, devoit porter chez eux l'épouvante. Celui de Naples fit une conscription de dix-sept à quarante-cinq ans; elle devoit être loi fondamentale de ses états, il ne put l'exécuter.

Sans doute il est des objections à faire contre cette mesure; on en entendit de sérieuses, mais personne alors, ni depuis, ne proposa de meilleur moyen. Le commerce, les arts, l'agriculture souffrent de la conscription; la nature d'ailleurs n'a pas donné à tous la force et les autres qualités militaires : mais quand un incendie général menace de tout consumer, au moment où le terrein brûle de toute part, et qu'un secours pressant est demandé à tous, pour ne pas périr dans les flammes, songe-t-on à examiner les forces et les dispositions de ceux que l'on appelle au travail? Ce n'est pas la loi de la conscription qui est mauvaise, c'est la guerre qui est un fléau; et pour la faire cesser, il est besoin d'un développement général de toutes nos forces. Au surplus, cette loi n'est que l'ancienne milice, sans priviléges, sans exemption : beaucoup de gens en verroient le rétablissement sans peine,

pourvu qu'on les casât parmi les privilégiés.
Ces priviléges, il faut en convenir, les abus
dans l'exécution de la loi les ont rétablis ;
plusieurs officiers de santé et quelques fonctionnaires ont prévariqué : mais le moyen de
faire aimer la République aux officiers de
santé, qu'elle laisse sans honneurs, et aux
fonctionnaires, quand elle ne les paie pas!

De nouveaux commissaires furent envoyés
aux Colonies : parmi eux l'on distinguoit le
général *Lavaux*. Tous paroissoient pénétrés
des mêmes principes : pourquoi se sont-ils
divisés ? Est-il facile de croire que *Lavaux* ait
subitement abandonné la carrière de l'honneur ? Son âge et son caractère connu ne
semblent-ils pas une garantie suffisante ?

Pendant qu'en Italie, Mantoue et Turin
tomboient au pouvoir des coalisés ; pendant
que les Russes et les Napolitains entroient
dans Rome et arrivoient aux portes de
Gênes, l'Anglais au nord soulevoit les neuf
départemens réunis, et attaquoit la Hollande. La révolte excitée sur les vaisseaux
nécessitoit la reddition de la flotte, et de
tout ce qu'il y avoit de vaisseaux marchands
dans le Zuiderzée. Si les Français ne s'étoient
trouvés là ; si un général républicain n'avoit

dérangé les plans du gouvernement britannique, et suppléé à la foiblesse du nôtre, l'Anglais, maître de la Batavie, et ne trouvant aucune résistance dans les départemens insurgés, pénétroit au cœur de la France, et lui dictoit des lois. *Brune* rendit à Alkmaër les efforts de l'ennemi impuissans ; il vit le duc d'Yorck dans ses fers ; et les Anglais, débusqués du *Helder*, coupèrent leurs cables pour fuir plus vîte du Texel : d'autres demandèrent la vie au vainqueur.

Cependant l'armée Anglo-Russe étoit forte de trente-cinq mille hommes ; dans une seule affaire trois mille restèrent sur le champ de bataille, deux mille se rendirent prisonniers ; les régimens de *Herser* et *Suvvarovv* perdirent leurs drapeaux. On auroit pu faire repentir ces étrangers des cruautés qu'ils avoient exercées sur les paysans Bataves : des familles entières furent brûlées par eux dans leurs habitations ; et au moment de la fuite de ces furieux, des villages nombreux étoient encore en feu.

Les Anglais continuoient leur croisière devant Rochefort ; l'escadre partie pour Brest leur échappa, et arriva heureusement au Ferrol.

Les Conseils n'avoient point renoncé aux

organisations périodiques qui donnent chaque année aux ministres qui se succèdent l'occasion de maltraiter leurs ennemis, et de favoriser leurs partisans. Cette fois, pour en augmenter le nombre, on augmenta celui des vaisseaux ; de mauvais bâtimens vénitiens, construits depuis plus de cent ans, étoient comptés, et l'on exagéroit ainsi le nombre d'officiers et d'administrateurs.

Les Hambourgeois avoient emprisonné *Napper-Tandy*, *Blackevvell*, *Morris* et *Corberi*, naturalisés français ; ils avoient ordonné leur extradition dans les mains des agens de l'Angleterre : cette offense faite à la République française fut dénoncée à toutes les nations par le ministre des relations extérieures comme un attentat contre le droit des gens, et un crime contre l'humanité. Un embargo mis sur leurs vaisseaux fit bientôt repentir et les Hambourgeois et les Anglais, véritables propriétaires de ces vaissseaux.

Cette mesure fut ensuite généralisée sans en donner aucun motif plausible.

Les Anglais maîtres de *Dennerary*, prirent, sans coup férir, *Surinam*. Milord *Seymour* occupa toute la Guyane batave.

Au lieu d'exciter le zèle des armateurs et de protéger ces redoutables ennemis du commerce anglais, on les abreuvoit de dégoût; et dans un temps où le trésor public étoit dans l'impossibilité de donner à la marine de ligne une force égale à celle de l'ennemi, rien n'étoit oublié pour faire cesser les armemens particuliers.

Le Directoire força les armateurs à pourvoir à la subsistance de leurs prisonniers en Angleterre: ainsi ces négocians, déja ruinés par la perte de leurs vaisseaux, ne pouvant fournir aux besoins de leurs prisonniers, ceux-ci se trouvoient abandonnés entre l'horreur du besoin et la séduction anglaise qui les excitoit à trahir leur patrie, et à servir, pour vivre, sur les vaisseaux de notre plus implacable ennemi.

Et cependant, tandis qu'on refusoit de porter sur les cartels d'échange les prisonniers corsaires, on se servoit de ceux qu'ils avoient faits comme moyen d'échange pour les prisonniers de la marine de ligne.

Un autre arrêté du Directoire retenoit un décime par franc sur les prises; néanmoins les lois préexistantes les assujettissoient seulement à payer cinq pour cent du produit

net. Cet arrêté, ainsi que celui du 22 ventose an 6, qui mettoit la nourriture des
prisonniers à la charge des armateurs, n'é-
toient-ils pas un impôt ? n'étoient-ils pas un
empiétement sur le pouvoir législatif, à qui
seul appartenoit d'établir des impôts ? Ces arrêtés enfin n'avoient-ils pas un effet rétroactif ?
ne bouleversoient-ils pas tous les arrangemens
liquidés avec les actionnaires et avec les
équipages ? Si tout étoit consommé, sur qui
donc pouvoit s'opérer cette retenue ?

La rétroactivité est à la législation ce que
la banqueroute est au commerce : celle-ci
détruit des engagemens particuliers, celle-là
brise les liens qui unissent les citoyens ; l'une
donne la mort au commerce, l'autre anéan-
tiroit la cité..... Mais j'oublie que nous
touchons à une époque où tout devoit
changer. Revenons sur les derniers événemens : examinons la situation de notre patrie au 18 brumaire, celle où elle se trouve
actuellement, et celle aussi des puissances
dont les rapports peuvent avoir quelque
influence sur nos destinées.

Fin du Tome premier.

TABLE

DES MATIÈRES,

TOME PREMIER.

Fin de la Table du Tome premier.

www.ingramcontent.com/pod-product-compliance
Lightning Source LLC
Chambersburg PA
CBHW051528050726
47595CB00002B/407